최고의 총리 최악의 총리

최고의 총리 최악의 총리

공직 생활 20년의 정두언이 털어놓는
기막힌 행정부 실태

나비의 활주로

〈개정판〉 추천의 글

깨어 있는 자만이 미래 변화의 방향을 읽어낸다

정두언 의원의《최고의 총리 최악의 총리》는 나로서는 이미 오래 전에 매우 재미있게 읽었던 책이다. 발간한 지 10년이 지나 이 책의 개정판을 내겠다는 정 의원의 말을 전해 듣고 우선 궁금증이 들었다. 개정판 발간을 위해 이 책을 다시 읽으면서 정 의원은 어떤 느낌을 가졌을까 하는 점 때문이었다.

10년 전 이 책을 낼 때, 그는 20년간 일한 공무원조직을 떠난 지 겨우 일 년밖에 되지 않았고, 총선에서 낙선한 상황이었다. 그때 그는 공무원의 '때'가 여전히 빠지지 않았던 것이다. 그러나 오늘날 정 의원은 현 정부 출범 주역 중 한 명이고, 집권당의 최고위원까지 지낸 중견 정치인이 되었다. 말하자면 지난 10년 사이 그의 신분은 크게 달라졌다. 10년 전에는 공무원 생활의 기억이 강하게 남아 있었다면 이제는 정치인이라는 신분이 보다 자연스러워진 것이다. 신분이 바뀐 상황에서 그가 10년 전 자신이 쓴 책을 다시 읽으며 어떤 생각을 떠올렸을지 궁금했다.

이처럼 변화된 환경을 고려할 때, 정 의원이 이 책의 개정판을 내겠다고 나선 건 사실 용기가 필요한 일이었을 것이다. 이제는 자신에게 부담이 될 수 있는 내용도 이 책 속에 담겨 있기 때문이다. 그럼에도 불구하고 정 의원이 이 책을 다시 내기고 결심한 것은, 처음 이 책을 쓸 때 가졌던 초심을 유지하고 스스로 경계警戒를 게을리하지 않겠다는 마음에서 비롯된 것으로 보인다. 임금님의 벌거벗은 모습을 어린 아이만이 지적할 수 있는 것은 권력의 생리 때문이다. 정 의원이 10년 전 이 책의 출간을 통해 시정거리에 모인 관중의 입장에서 용기 있게 벌거벗은 임금님의 모습을 지적해 냈다면, 이 책의 개정판을 통해서는 궁궐에 들어가 있더라도 그런 기백을 버리지 않겠다는 마음가짐을 보여주고자 한 것이다. 어쩌면 중견 정치인이 된 입장에서 '당신도 벌거벗었네'라는 지적이 나오더라도 이를 겸허하게 받아들이겠다는 또 다른 용기를 보여주고자 하는 것일 수도 있다.

다시 이 책을 읽으면서 그때 정 의원이 지적한 여러 가지 문제점이 오늘날에도 여전히 가슴에 와 닿았다. 저자가 오랜 경험 속에서 느낀 우리 행정조직의 문제점을 정확하게 지적해 냈기 때문이기도 하지만, 지난 10년의 세월에도 불구하고 그런 문제점이 제대로 개선되지 못했기 때문일 것이다. 이 책을 처음 쓸 때 정 의원은 이러저러한 문제가 있다는 것을 지적할 수밖에 없는 입장이었겠지만, 이제는 그런 문제점을 주도적으로 해결해 내야 하는 위치가 되었다. 이번 개정판 출간을 계기로, 행정 분야를 넘어서 우리 사회의 여러 가지 과제들을 극복하기 위해 정 의원이 보다 커다란 역할을 해 주기를 기대한다.

깨어 있는 자만이 현재의 문제점을 찾아내고 미래 변화의 방향을 읽어낼 수 있다. 한국 정치 발전을 이끌어 갈 정치인으로서 정두언 의원이 앞으로도 그와 같은 중요한 역할을 해주기를 희망하며, 많은 이들에게 이 책의 일독을 권한다.

2011년 10월

강원택(서울대 정치외교학부 교수)

개정판을 내면서

10년 전 나의 초심을 되돌아보면서

《최고의 총리 최악의 총리》를 쓴 게 벌써 10년 전 일이다. 그때는 국회의원 떨어지고 말이 원외위원장이지 그야말로 백수로 지내고 있을 때이다. 무료한 시간도 때울 겸 출판기념회를 통해 돈도 마련할 겸 해서 난생처음 써본 글이 의외로 사회적으로 많은 반응과 큰 반향을 일으켜서 나도 몹시 놀랬었다. 그러고 보니 정치를 시작한 지도 10년이 지났다. 서울시 부시장을 거쳐 어느덧 재선 국회의원이 되어 있지만 이명박정부 탄생 등 참으로 많은 일들이 내 주위에서 벌어졌다. 좀 쑥스러운 이야기지만 나처럼 요란하게 정치하는 사람도 흔치 않을 것 같다. 얼마 전 한 중견 언론인을 만났더니 "정 의원은 정치를 하면서 드라마를 쓰더군요" 라는 칭찬인지 욕인지 모를 평을 내게 했다.

나는 팔자가 센 건지 아니면 기가 센 건지 조용히 살지 못하는 편이다. 하지만 믿거나 말거나 나는 정말 조용히 살고 싶다. 내가 꿈꾸는 생활은 좋은 친구 만나고, 좋은 책 보고, 좋은 글 쓰며 사는 것이다. 그런데 정치하면서부터 나는 정말 너무 헉헉대며 살아왔다. 최근에 한나라당 최고위원을 그만두고 모처럼 지난 10년을 반추할 기회를 가졌다. 기왕에 가진 것도 별로 없었지만, 내 안에 들어 있던 모든 것들이 이미 다 고갈된 느낌이 들었다. 쉽게 말해 밑천이 다 드러난 것이다. 이대로 가다가는 입만 번지르르한 정치꾼 노릇 하다가 결국 유권자들에 의해 퇴출되고 말겠다는 생각이 퍼뜩 들었다. 그런 와중에 어느 대학생으로부터 메일 하나를 받았다. 우연히 내 책《최고의 총리 최악의 총리》를 읽고 난 후 느낀 소감을 피력한 글이었다.

먼저《최고의 총리 최악의 총리》를 의원님의 생각과 의견에 동의하면서 어느 것 하나 막힘없이 흥미롭게 읽을 수 있었습니다. 대다수의 국민들이 그렇겠지만, 특히 20대 대학생들에게 정치인과 국회에 대한 신뢰가 정말 땅에 떨어진 상태에서 논리적으로 말 잘하고 글 잘쓰는 정치인들은 모두 진보 세력에 있다고만 생각되는 현실이 참 안타까웠습니다. 그래서 위트 있고 논리적인 그런 멋진 보수 정치인은 없을까 생각하던 중 요즘 주변 친구들에게 이 책을 추천하곤 합니다. 그러면서 문득 이 책을 쓰실 때의 의원님의 생각과 원칙에 변화가 없으신지 궁금했습니다. 의원님도 예전 순수했던 시절의 일기장을 꺼내어 회상하듯이 이 책을 그렇게 다시금 보면서 그때의 생각과 소신에 변화가 없는지 다짐하시기를 바랍니다.

요즘에도 한나라당 의원에게 호감을 갖는 대학생도 다 있구나 하면서 앞부분의 칭찬을 정말 기분 좋게 읽다가 뒷부분에 가서는 머리를 한 대 얻어맞은 듯한 느낌이 들었다. 갑자기 자신이 몹시 부끄러워졌다고 할까. 그러곤 곧 10년 전에 쓴 책을 다시 꺼내 들었다. 우리가 흔히 초심으로 돌아가겠다는 말을 하지만, 정치 초년병으로서의 나의 초심이 부끄럽게도 거기에 고스란히 담겨 있었다.《최고의 총리 최악의 총리》 개정판은 이런 나의 초심을 다시 한번 다지는 한편, 그때나 지금이나 그다지 크게 변하지 않은 우리의 현실을 초라한 심정으로 확인하는 뜻으로 만들게 되었다. 앞으로 십 년 후에 이 책은 어떻게 될 것인가를 생각하면서 다시 옷깃을 여미어 본다.

2011년 10월
정두언

〈초판〉 추천의 글

시스템 개혁을 외치는 용기 있는 나팔수

흔히들 행정조직을 가리켜 '인재의 무덤'이라 부른다. 제아무리 똑똑한 사람이라도 공무원 생활을 하다 보면 바보 아닌 바보가 된다. 제아무리 창의적이고 유연한 사고를 가진 사람이라도 이 조직 속에서 세월을 보내면 생각도 행동도 막대기처럼 딱딱해진다. 멀쩡한 사람이 바보가 되고, 바보가 된 사람이 다시 조직 전체를 바보로 만들어가는 악순환이 일어나는 곳이 바로 행정조직이다.

이 책의 저자 정두언씨는 이런 행정조직에서 20년을 보낸 이야기를 허심탄회하게 털어놓고 있다. 행정조직 안에서 도대체 어떤 바보스러운 일이 일어나고 있는지 독자들은 이 책에서 생생하게 느끼게 될 것이다. 부하가 만들어 놓은 보고서의 자구만 고치고 또 고치는 일이 하루 일의 거의 전부인 높으신 분의 이야기, 줄여도 줄여도 줄지 않는 정부조직의 비밀, 알고 보면 허탈하기만 한 대통령의 '말씀자료' 등 우리 행정의 구석구석이 이 책에서 절절히 묻어나온다.

곁에서 본 체험을 바탕으로 쓴 역대 총리 이야기도 놓칠 수 없다. 똑똑하고 부지런한 유형, 똑똑하지 않으나 부지런한 유형, 똑똑하나 부지런하지 않은 유형, 똑똑하지도 부지런하지도 않은 유형으로 나누어 펼치는 이야기를 따라가다 보면 재미로 혹은 기가 막혀 웃음을 터뜨리게 된다. 하지만 정부 용역을 받은 교수가 연구 보고서 대신 리베이트를 내놓는 장면, 게다가 이런 사람이 장관이 되고 총리가 되는 장면에서는 너무나 서글퍼 눈물이 날 정도다.

그러나 이런 이야기들은 세간의 흥미를 끌기 위한 '폭로'도 '양심선언'도 아니다. 한번 웃고 넘어가자는 우스개는 더더욱 아니다. 자칫 선후배 공무원들과 '모셨던 분'들의 명예를 손상시킨다는 오해를 살 수도 있지만, 저자는 오직 어떻게 하면 우리 행정의 질을 조금이라도 높일 수 있을까 하는 충정에서 한 땀 한 땀 힘들게 적어 내려간 것이다. 저자가 밝혔듯이 '벌거벗은 임금님'을 '벌거숭이'라 외쳐줄 누군가가 필요하기 때문이다.

이 책을 펼치는 순간 공직 사회의 부끄러운 모습이 그대로 눈에 들어온다. 그러나 정말 부끄러운 사람은 우리들 시민 한 사람 한 사람이란 사실을 이내 알게 된다. 행정과 공직 사회가 제대로 돌아가지 못하는 이면에는 시민 사회의 고정관념과 선입견이 자리 잡고 있기 때문이다. 가령 공무원을 지금의 공무원으로 만드는 '시스템'을 그대로 둔 채 '공무원의 의식개혁'만을 외치는 시민 사회의 잘못된 생각이야말로 개혁의 가장 큰 장애 아닐까.

저자는 좋은 책의 조건으로 세 가지를 들고 있다. 재미있어야 하고, 새로운 지식을 주어야 하며, 읽는 사람의 생각을 정리해 주거나 새로운 관점을 제시해 줄 수 있어야 한다는 것이다. 재미있게 읽히면서도 많은 점을 느끼게 하는 책, 시스템 개혁이라는 과제를 던져주는 책, 바로 이 책이 그런 책이라고 감히 추천 드린다.

2001년 5월

김병준(국민대학교 교수)

〈초판〉 책을 내면서

행정에도 평론이 필요하다

모든 일이 그렇듯이 공무원이란 직업에도 장단점이 있다. 먼저 공무원은 좋은 직업이다. 신분이 보장되어 있고, 비교적 일이 편하며, 사회적으로 상당한 대우를 받으며 살 수 있기 때문이다. 하지만 공무원이란 나쁜 직업이기도 하다. 봉급이 적고, 일이 단조롭고 지루하며, 생활에도 제약이 많은 까닭이다.

1년만 더 참고 기다리면 나오는 연금혜택마저 포기한 채 과감히 공직을 내던지고 나온 나로서는, 공무원이라는 직업이 좋은 점보다는 나쁜 점이 더 많았다고 느꼈다. 그중에서도 생활에 제약이 많다는 점이 가장 괴로웠다. 할 말이 있어도 어떤 자리에서든 제대로 입을 열지 못한다. 공무원이 저렇게 말하면 되느냐는 비난 때문이다. 어디다 글한 줄 제대로 쓰지도 못한다. 마치 정부의 공식 입장처럼 비춰질 우려가 있다는 이유 탓이다.

하고 싶은 말도 마음대로 하지 못하고, 쓰고 싶은 글도 마음대로 쓰지 못하니, 참으로 답답하고 억울한 생활이었다. 그러다 보니 나는 언제든 공무원직을 그만두면 그동안 못했던 일을 다 해야겠다고 늘 별러왔었다. 하지만 공무원을 그만둔 지 벌써 1년이 넘었건만, 언제나 그렇듯이 생각대로 된 일이라곤 거의 없다. 그나마 없는 시간 쪼개가며 쓴 글이 몇 꼭지 남았을 뿐이라, 이번에 이들을 묶어 여러 사람 앞에 선을 보이게 되었다. 부끄러우면서도 아쉬운 점이 한두 가지가 아니다. 좀더 짬을 내었더라면 더 좋은 글을 많이 쓸 수 있었을 텐데, 혹시 서투른 글들은 아닐지 설렘과 쑥스러움이 교차한다.

나는 글을 쓰면서 세 가지 원칙을 세웠다. 첫째, 재미있어야 한다. 아무리 훌륭한 글이라도 재미가 없으면 제대로 읽기 힘들기 때문이다. 둘째, 읽는 사람에게 새로운 지식을 얻게 해주어야 한다. 책장을 덮었을 때 독자의 머릿속에 무엇인가를 남기는 책이 좋은 책이라고 생각하기 때문이다. 셋째, 독자의 생각을 정리해 주거나, 새로운 관점을 제시해 줄 수 있어야 한다. 남들이 이미 다 풀어놓은 이야기를 되풀이할 것이라면 굳이 고생스럽게 글을 쓸 필요가 뭐가 있겠는가.

이런 원칙에 맞는 책으로 나는 시오노 나나미의 《로마인 이야기》를 들고 싶다. 《로마인 이야기》는 우선 재미있다. 특히 카이사르에 관한 부분은 흥미진진해서 밤새는 줄도 모르고 책장을 넘기게 한다.

《로마인 이야기》는 또한 우리에게 새로운 지식을 전달해 준다. 나는 노예신분의 이솝이 어떻게 그렇게 훌륭한 우화집을 썼나 하는 의문을 평소 품고 있었는데, 시오노 나나미의 책을 읽고서야 그 이유를 짐작하게 되었다. 고대 로마 귀족 집안의 가정교사는 대개 그리스 출신의 노예였다는 사실史實을 알게 된 것이다. 시오노 나나미는 우리가 혹시 고대 로마의 역사에 대해 편견이나 선입견을 갖고 있었는지 되짚어보게 한다. 카이사르는 민주정의 파괴자라기보다는 이미 광활해진 제국을 통치하기에는 걸맞지 않은 공화정을 제정으로 바꾸려 한 진보적 선각자였다는 주장은 이 시대를 보는 새로운 시각이라고 할 만하다.

나름으로는 이런 원칙을 염두에 두고 이 책을 쓰긴 했으나 부족함이 많다고 독자들께 고백한다. 다만 내가 만족스럽게 여기는 점이 하나 있다. 20년 가까이 공직 생활을 하면서 몸에 배어버린 무미건조한 문체를 이번 기회에 떨쳐버릴 수 있었다는 점이다. 공적인 문서를 십수 년 만들다 보면 천하의 이문열이라 해도 두루뭉술한 글을 쓰게 될 것이다. 이런 글들은 뭘 하겠다는 것인지 말겠다는 것인지 도통 알 수가 없다. 주제나 내용이 어떻든 행정부의 보고서는 읽는 사람으로 하여금 5분 안에 졸음을 느끼게 만든다. 과거에 나는 상관으로부터 신문기사 같은 글을 쓴다고 지적을 받기 일쑤였다. 공적인 글에서는 소위 '튀는' 표현이 절대 용납되지 않는다. 비록 그분들이 바라는 대로 글을 고치면서도 나는 그런 생각을 인정할 수가 없었다. 왜 정부 보고서는 신문처럼 재미있게 만들면 안 된다는 말인가. 정부 보고서도 화장실 갈 때 신문 대신 들고 갈 정도로 만들어야 된다는 것이 나의 강한 신념이었다. 이제 그런 글을 쓰지 않아도 되니 얼마나 좋은가.

이 책을 쓰는 동안 나의 화두는 '벌거벗은 임금님'이었다. 모두의 눈에 뻔히 보이는 사실이지만 다중의 집단최면에 휩쓸려 사태의 본질을 외면하는 경우가 우리 사회에 얼마나 많은가. 행정부도 예외가 아니다. 아니 오히려 더 심할 수 있다. 일반인들과는 늘 어느 정도 격리되어 있어서 그럴 것이다. 공직 생활 도중에 나는 '벌거벗은 임금님'과 같은 사례를 수도 없이 목도하면서 혼자서 흥분한 적이 한두 번이 아니었다. 내 눈에는 저렇게 뻔히 보이는데, 왜 다들 못 본 척하는 것일까. 실제로 그들 눈에는 보이지 않는 것이 아닐까. 어쩌면 내가 이상한 놈이라서 허깨비를 보는 것이 아닐까. 이렇게 늘 자신이 없었다. 이 책을 세상에 내놓은 것은 내게 매우 중요한 확인 과정이기도 하다. 내 눈에 보이는 '벌거벗은 행정부'가 과연 허깨비인지 아니면 진짜 모습인지를 여러 사람들과 함께 가려보고 싶은 것이다.

마지막으로 나는 내 글의 분야를 감히 '행정평론'으로 자리매김하고자 한다. 오늘날 우리네 글 동네에는 수많은 분야마다 평론들이 있다. 문학평론, 영화평론에서부터 하다못해 자동차평론, 음식평론까지 있다. 그런데 나는 아직까지 행정평론이라는 말은 들어본 적이 없다. 전체 사회 시스템에서 행정이 차지하는 비중이 엄청나게 크지만, 여기에 평론이 하나의 분야로 자리 잡지 못한 현실은 자못 의아스럽기까지 하다. 그래서 내가 한번 이 분야를 개척해 보겠다는 심정으로 이 글을 쓴 것이다. 늘 그렇듯 개척에는 용기를 필요로 하지만 용기만으로 모든 일을 아름답게 가꾸지는 못하는 법이라, 엉성한 부분이 많을 수밖에 없다. 아무쪼록 독자 여러분들께서 나의 부족한 점을 넓은 아량으로 감싸 주십사 하고 부탁드린다. 대신 앞으로 더욱 정진하겠다고 약속 드린다.

많은 분들의 도움이 없었다면 이 책은 세상에 나오지 못했을 것이다. 안정된 직장을 뛰쳐나와 삭막한 벌판에서 새로운 길을 열겠다고 분투하는 가장을 짐짓 태연하게 지켜봐 주고 있는 어머니와 아내 이화익, 그리고 호희, 호찬을 비롯한 가족들에게 나는 엄청난 마음의 빚을 지고 있다. 도움을 준 공무원 후배들과 김연일, 주관성 등 사무실 식구들에게도 감사의 말씀을 올린다. 이분들은 항상 나의 뜻을 지지해 주었고 이 책을 쓰는 데도 직접적인 조언을 아낌없이 베풀어 주었다. 김지한 군에게도 깊이 감사하지 않을 수 없다. 김지한 군은 내가 자신 없어 할 때마다 늘 용기를 불어넣어 주었다. 아울러 졸저를 인정해 책으로 나오게 해준 도서출판 한울의 김종수 사장과 편집부 여러분들께도 진심으로 고맙다는 인사를 드린다.

2001년 5월
서대문 북가좌동 사무실에서
정두언

··· 차례

제1장 행정개혁은 공염불인가

제2장 공무원은 죽어도 공무원이다

제 1 장

행정개혁은 공염불인가

들어가며

정부 내의 거짓과 기만과 위선

어렸을 적 즐겨 읽던 동화 중에《벌거벗은 임금님》을 기억할 것이다. 한 어린아이가 나타나서 "임금님은 벌거숭이야!"라고 외치자 그제야 모두들 "맞아, 맞아" 했던 얘기 말이다. 지금부터 나는 그런 얘기를 해보고 싶다.

나는 노태우 전 대통령과 비슷한 시기에 행정부 생활을 시작한 셈이다. 내가 공무원교육원에서 두 달간의 교육을 거쳐 서울시 중구청에서 네 달간의 실무수습을 마치고 초임 발령을 받은 곳이 정무(제2)장관실이었다. 이때 새로 임명된 정무장관은 바로 (당시) 노태우보안사령관이었다. 제5공화국의 출범과 함께 보안사령관으로 정권의 제2인자 소리를 듣던 노태우 장군이 갑자기 군복을 벗고 정무장관이 된 것이다. 당시 정무(제2)장관실의 기능은 외교안보에 관해 대통령을 보좌하는 일이었다. 이미 20년 전 일이라 지금은 기억이 가물가물하지만, 그 당시 내가 주로 하던 일은 신문 스크랩, 회의 준비 따위 자질구레한 일이었다. 사실 내가 공무원을 인생 진로로 선택한 이유는 사기업체에서 일하기보다는 나라와 국민을 위해서 큰일을 하겠다는 포부 때문이었다. 그런데 포부에 가득 찬 내가 처음으로 맡은 일은 그다지 뛰어난 지적능력을 필요치 않은, 지극히 기능적인 일들이라, 몸은 분주히 움직이면서도 마음은 알쏭달쏭한 상태였다.

그러다가 한참 후에야 모처럼 일다운 일이 내게 주어졌다. 당시 미국에서는 레이건 행정부가 출범하면서 소련에 대한 공세를 대폭 강화하기 위해서 캐스퍼 와인버거 국방장관의 주도로 국방비의 대폭 증액을 꾀하고 있었다. 미 행정부는 의회에서 예산을 확보하기 위한 여론몰이용으로 《소련의 군사력》이란 책자를 발간, 대량으로 배포하고 있었다. 한마디로 미국의 군사력이 소련에 비해 엄청나게 뒤지고 있다는 내용이었다. 지금에 와서 보면 상당히 왜곡되고 과장된 내용이었지만, 어쨌든 당시로써는 그런 주장이 먹혀들어갔고 미국의 국방비는 엄청나게 증액되었다. 소련의 붕괴는 이미 이때부터 예고되었다고 생각된다. 미국의 대대적 물량전에 맞서다가 소련은 결국 가랑이가 찢어지고 만 것이다. 극우주의자며 무식한 지도자로 평가받던 레이건의 뚝심이 옳든 그르든 간에 역사의 물줄기를 바꾸어 버린 것이다.

이때 나에게 떨어진 일이 바로 그 《소련의 군사력》이라는 책을 번역하는 것이었다. 그때까지만 해도 나의 영어 실력은 변변하지 못한 편이었다. 더군다나 무척 두꺼운 책 속에는 군사 용어와 과학기술 용어

등 내 전공과는 무관한 분야의 단어들로 가득 차 있던 터라 내게는 몹시 힘든 일이었다. 그래도 어쩔 수 없이 낑낑거리면서 번역을 시작한 지 열흘 정도 지났을까, 국회 사무처에서 근무하던 친구와 통화를 하다가 나는 무척 당황하지 않을 수가 없었다.《소련의 군사력》완역본이 이미 출간되어 국회 도서관에 있다는 것이었다. 열흘 넘는 기간 동안 완전히 헛일을 한 것이 아닌가. 물론 지금 돌이켜보면, 그것은 완전히 나의 무지와 무경험이 빚은 결과였다. 지금이라면 일단 여기저기 그 책을 번역해냈음직한 기관들에 알아보는 일부터 시작했을 것이다. 어쨌든 당시 나는 소용없는 일을 하고 있었다며 심하게 자책했다. 이러고도 열흘간의 봉급을 타 먹어야 한다니……. 초임 사무관으로서 퍽이나 순수한 마음에서 나온 자책이었지만, 이런 자책감이 공직을 그만둘 때까지 20년이란 기나긴 기간 내내 계속되리라는 것은 미처 상상할 수 없었다.

이런 이야기로 이 책을 시작하는 이유는 다름이 아니다. 20년 가까이 공직 생활을 하면서 항상 내가 헛일을 하고 있다는, 시쳇말로 '밥값을 못하고 있다'는 자책감에서 벗어나 본 적이 별로 없었던 탓이다. 이런 마음은 나만의 경우가 아닐 것이다. 나의 동료나 선후배분들 중 대부분이 이런 마음을 지니고 있으리라 생각된다. 이렇듯 많은 공무원들은 자기 자신이 국가와 국민을 위해서 별로 필요치 않은 일을 하고 있다고 여기며 살아가고 있다고 볼 수 있다. 이런 판에 행정부가 효율적으로 움직인다고 할 수 있겠는가.

행정부의 비효율성은 이미 어제오늘의 얘기가 아니다. 행정개혁, 정부혁신 역시 오래전부터 부르짖어 온 일이고 이런 표어 아래 수많은 시도와 작업이 이루어졌다. 하지만 행정부가 좋아졌다고 생각하는 사람은 아직껏 거의 만나기 어려운 현실이다. 물론 모든 일이 단번에 개선될 수는 없는 일이다. 그러나 조금씩은 나아져야 하는 게 아닌가. 잘못을 바로잡는 일은 의외로 간단할 수 있다. 문제를 정확히 파악하여 그에 맞는 처방을 찾아낸 후, 제대로 시행하면 된다. 일이 진전이 없다면 문제를 잘못 파악했거나, 맞지 않는 처방이 나왔거나, 처방을 제대로 시행하지 않았기 때문이다.

그러면 왜 문제파악과 처방마련이 지금까지도 제대로 안 되고 있는 것일까. 나는 그 원인이 대부분 우리의 고정관념과 선입견에서 나오는 무지와 집단이기주의 때문이라고 단언한다. 다시 말해서 우리 사회가 정부에 대해 가지고 있는 고정관념과 선입견이 본질적인 문제파악을 곤란하게 하고 있으며, 여기에 더해서 공직 사회의 집단이기주의가 적절한 처방의 마련과 시행을 가로막고 있는 것이다.

예를 들어보자. "청소년 문제가 심각하다. 그러니 청소년대책부처를 만들어야 한다." 이런 주장에 대해 이의를 제기하는 사람은 없을 것이다. 그러나 과연 그럴까? 문화관광부에서 청소년대책을 담당하는 공무원 중에서 진심으로 청소년대책 전문부처가 필요하다고 생각하는 사람이 과연 몇 명이나 될까. 가령 우리나라에 청소년연구원이 있다는 것을 아는 사람이 얼마나 될까. 더구나 청소년기본법, 청소년대책기금이라는 것이 있다는 것을 아는 사람은?

국회만 열면 정부에 위원회가 많다고 난리다. 위원회가 많은 게 왜 문제인가. 예산이 들어가는 것도 아니고 그냥 회의만 하는 것 아닌가. 그런 지적을 하는 의원은 국감활동을 잘했다고 신문이 요란하다. 그러나 과연 그럴까?

국회에서 이뤄지는 대정부질문은 거의 쇼show라고 보면 된다. 미리 질문서를 넘겨받고 답변을 준비한다. 당일 날은 질문자나 답변자가 그것을 읽는 것이다. 그럴 바엔 아예 문서로 하지 왜 아까운 시간을 서로가 낭비하는가. TV나 신문에 잘 나오기 위해서일까.

행정업무의 많은 부분이 윗사람 궁금증 풀어주는 것이라는 사실을 아는 사람이 얼마나 될까. 무슨 대형사고 한 번 나면, 일을 수습하는 사람들이 열 명이라고 할 때, 그 상황을 보고하는 일에 관련된 사람이 적어도 1백 명이 넘는다면? 경찰, 검찰, 내무부, 총리실, 청와대, 국정원, 지방자치단체에서 수많은 공무원들이 똑같은 일에 매달려서 엄청난 인력과 시간과 예산을 낭비하고 있는 현실이다. 그런데 참으로 웃기는 일은 우리나라에서 제일 빠르고 정확한 보고는 정부 내의 보고가 아니라 TV 보도라는 사실이다. 그럼에도 그 많은 사람들은 윗사람이 TV를 보고 "이게 뭐야?"라고 할까 봐 전전긍긍하며 부지런을 떠는 것이다.

공무원이면 다 알고 있는 사실이 있다. 정부 기구 축소를 부르짖지만, 정작 이 축소 작업을 맡아온 부서야말로 가장 먼저 없어져야 할 부처라는 사실이다. 하지만 일반 국민들은 얼마나 알까. 그러니 그 일이 제대로 될 턱이 있겠는가.

보고서를 만들거나 기안을 하는 사람은 하나인데 그것을 들여다보며 자구나 고치면서 시간을 지체시키는 사람이 층층이 수두룩한 것이 우리 정부조직의 현실이다. 자구를 고치는 사람들의 태도를 보면 자못 거룩하기까지 하다. 문서를 고치는 목적이 일을 제대로 하게끔 하는 것이 아니라, 마치 신춘문예에 응모하는 것처럼 여기는 관료들이 아직도 많은 듯하다. 나는 이런 현상을 일종의 정신병적 문장 결벽증이라고 부르고 싶다.

수많은 컴퓨터가 몇 번 손도 대지 않은 상태에서 먼지를 뒤집어쓰고 있다가, 새 기종이 나오면 창고로 퇴출당하는 일이 여전히 되풀이되고 있는 것도 정부조직의 현실이다. 정작 컴퓨터가 필요한 실무자들은 PC가 부족해 구식 기종으로 헤매고 있는데, 최신 기종이 새로 나오면 자판도 모르는 윗사람들이 우선적으로 차지하는 일이 비일비재하다.

국무총리를 일인지하 만인지상(一人之下 萬人之上)이라고 한다. 하지만 총리실에서 근무하는 공무원 중에 그렇게 생각하는 사람이 과연 몇이나 될까. 국무총리가 하는 일을 안다면 그렇게 결코 일인지하 만인지상이라는 말을 꺼내지 못할 것이다. 국무총리라는 자리 자체가 우리나라에서 정부의 효율성을 크게 떨어뜨리는 중요한 이유 중의 하나라면!

역대 국무총리를 네 가지 유형으로 나눠 보면 이렇다. 부지런하고 똑똑한 총리, 부지런하고 머리 나쁜 총리, 게으르고 똑똑한 총리, 게

으르고 머리 나쁜 총리. 우리가 알고 있는 사람들은 어떤 유형일까. 적어도 한 가지만큼은 자신 있게 말할 수 있다. 실제 알려진 바와는 너무도 다른, 거품투성이의 총리분들이 꽤 있다는 것이다.

지금 이 시간에도 행정부의 안과 밖에서는 '문제파악과 처방의 마련 및 시행 과정'이 수도 없이 이루어지고 있다. 내가 앞으로 써내려갈 글도 물론 그중의 하나이다. 나는 이 책이 우리의 행정개혁, 정부혁신에 결정적인 기여를 할 수 있다고 자신하지 않는다. 다만 지금까지 알려지지 않은 새로운 얘기도 여기에 담겨 있다는 사실만큼은 분명하다. 물론 그렇다고 해서 그것이 새롭고 기발한 얘기라고는 할 수 없다. 지금까지 분명히 존재했지만 그동안 사람들이 보지 않았거나, 보았어도 이런저런 이유로 얘기할 수 없었거나, 아니면 얘기를 했어도 사람들의 편견과 선입견에 묻히는 바람에 무시된 것들이다. 어렸을 적 즐겨 읽던 동화 중에《벌거벗은 임금님》을 기억할 분이 많으리라. 한 어린아이가 나타나서 "임금님은 벌거숭이야!"라고 외치자 그제야 모두들 "맞아, 맞아" 했던 얘기 말이다. 나는 그런 얘기를 해보고 싶다. 나랏일을 두고만 말해도 우리 사회에는 거짓과 기만과 우상이 수없이 깔려 있다. 올바른 정부개혁은 그런 거짓과 기만과 우상들이 하나씩 깨져 나갈 때에만 진정한 성과를 맺을 수 있을 것이다.

"바쁘신 중에도 이렇게 참석해 주셔서 고마움"

그런데 더 우스꽝스러운 일이 있다. 말씀자료를 만들다 보면 높은 분은 마치 아무 생각도 없는 멍청이라고 전제하는 꼴이 되는 것이다. 높은 분은 "바쁘신 중에도 이렇게 참석해 주셔서 고맙습니다"라는 인사말도 못하는 사람 취급을 받는다. 나 같으면 "쓸데없이 이런 걸 왜 만들어, 하지마!"라고 하리라. 그런데 실제로는 그런 말씀자료를 챙기는 높은 분들이 의외로 많다.

"바쁘신 중에도 이렇게 참석해 주셔서 고마움." 독자들 중 이것이 어디에 쓰는 문구인지 아시는 분이 얼마나 계실까?

정부조직 안에서 각종 회의를 준비할 때 만드는 자료 중에서 높은 분들께 드리는 소위 말씀자료(일종의 회의진행 시나리오)에 통상적으로 나타나는 첫 문장이다. 정부조직에서는 각종 공식회의가 수시로 열린다. 위로는 국무회의부터 말단의 관계기관 실무급회의까지, 좀 과장하면 회의로 날을 샌다고 할 수도 있다. 내 기억으로는 제6공화국 시절에 특히 회의가 많았는데, 당시 어느 시사잡지에서 '회의 공화국'이라는 말을 만들어 내기도 했을 정도였다. 제6공화국에서 회의가 많았던 것은 '물태우'라는 별명이 나온 것하고도 무관하지 않다고 본다. 지도자가 좌고우면左顧右眄하며 딱 부러진 결정을 못 내리는 분위기가 아래로까지 확산되어 무슨 결정을 내리기 전에 일단 회의부터 열고 보는 것이다. 회의를 하는 목적은 의견을 모으려는 데에 있겠지만, 경우에 따라서는 책임을 분산시킨다는 의도도 있다고 할 수 있다. 당시의 회의들은 주로 책임의 분산을 위해서 이뤄졌지 않나 싶다. 어쨌든 회의가 많다 보면 고생하는 사람은 공무원들이다. 회의자료 준비 때문에 눈코 뜰 새 없는 것이다. 이때 가장 짜증 나는 일이 바로 '윗분을 위한 말씀자료' 만들기다. 회의 안건에 대한 현황, 문제점, 개선방안 등 회의의 기본 자료를 준비하기도 바쁜데 그놈의 말씀자료까지 만들어야 하다니……. 꼭 필요한 일을 할 때는 힘든지 모르지만 별로 필요치 않다고 생각된 일을 할 때에는 정말 피곤한 법이다.

말씀자료란 것부터가 권위주의시대의 산물이다. 권위적인 조직 문화에서는 아랫사람들이 윗사람을 잘 모시기 위해서 할 수 있는 일은 뭐든지 다 하기 마련이다. 윗사람을 편하게 해 드리기 위해서, 윗사람의 눈에 들기 위해서 무슨 일이든 못할까. 도요토미 히데요시가 쇼군將軍의 말잡이이던 시절, 추운 겨울날에는 쇼군이 신을 신기 전에 신발을 품에 안고 따뜻하게 데웠다는 일화가 있지 않은가. 나 역시 군대시절에 사단장님 행사를 준비하면서 걸음을 몇 발짝 걸으신다는 것까지 자료에 표시해 넣던 기억이 난다. 그러면 실제로 사단장님은 몇 발짝이나 걸으실까? 물론 언제나 사단장님 맘일 뿐이다. 이런 사실을 번연히 알면서도 매번 그 짓을 되풀이하는 것이다. 지금까지 해오던 일을 그만두면 충성심 결여로 나만 찍히는 게 아닌가 하는 염려 때문일 것이다.

그런데 더 우스꽝스러운 일이 있다. 말씀자료를 만들다 보면 높은 분은 마치 아무 생각도 없는 멍청이라고 전제하는 꼴이 되는 것이다. 높은 분은 "바쁘신 중에도 이렇게 참석해 주셔서 고맙습니다"라는 인사말도 못하는 사람 취급을 받는다. 나 같으면 "쓸데없이 이런 걸 왜 만들어, 하지마!"라고 하리라. 그런데 실제로는 그런 말씀자료를 챙기는 높은 분들이 의외로 많다. 물론 과거 군사독재 시절에 비해서는 많이 줄어든 것이 사실이다. 군사독재 시절에는 군 출신들이 고위직을 많이 차지하고 있었다. 행정부 경험이 일천한 그들은 사실 매사에 자신이 없었고, 특히 회의를 주재하는 일이 상당히 부담스러운 일이었으리라. 따라서 군대에서 하던 이상으로 회의를 주재하면서 말씀자료에 상당히 의존한 모양이다. 그리고 그 당시의 관습이 지금까지 그대로 이어져 내려오고 있는 것이다.

회의가 많았던 제6공화국이었던 만큼 말씀자료가 가장 많이 생산되었던 시절이라면 단연 이때를 꼽을 수 있을 것이다. 특히 당시 청와대 각 비서관실의 중요한 업무는 '말씀자료 만들기'였다고 해도 과언이 아니다. 노태우 전 대통령은 공직 사회에서 말씀자료를 가장 잘 소화하는 대통령으로 유명하다. 말씀자료를 앞에 놓고 읽으면서도 전혀 읽는 것 같지 않게 천연덕스럽게 얘기하는데 탁월한 능력을 보여 주신 분이다. 그 당시 있었던 일화 한 토막을 소개하자.

명절 무렵이었다고 기억된다. 청와대 행정수석비서관께서 총리행정조정실장을 만나러 오셨다. '아니 이게 웬일인가. 청와대 수석이 일개 차관급을 만나러 오다니' 하시겠지만, 그게 아니다. 명절을 맞아 대통령하사금을 전달하러 온 것이었다. 당시는 그랬었다. 각 수석비서관들이 명절 때 행정 각 부처를 분담하여 소위 통치자금을 내려보내는 것이 박정희 대통령 이래의 관례라고 어렴풋이 들어 왔다. 물론 그런 관례는 문민정부 이후 아마도 없어졌겠지만. 이날 오후 늦게 방문하신 행정수석이 행정조정실장과 한참을 얘기하다 보니 퇴근 시간이 넘어버렸다. 방문을 나서던 행정수석이 자기 방 전화를 대 달라고 해 연결시켜 주었다. "나 그냥 퇴근하려고 하는데 별일 없어? …… 아참, 아까 그거 어떻게 됐어? 다 됐대? …… 그럼 한번 읽어봐. …… 에이 그럼 안 되지. 그래 가지곤 안 되겠어. 내가 저녁 먹고 들어갈 테니까 기다리고들 있으라고 해."

통화내용을 듣고 있던 나는 궁금하지 않을 수가 없었다. 아니, 무슨 일이라도 일어났나. 긴급한 일이라면 총리님도 아셔야 할 게 아닌가. 그리하여 행정수석비서관이 나가자 평소 친하게 지내던 그의 보좌관에게 다시 전화를 했다.

"도대체 무슨 일이야? 왜 밥 먹고 또 들어가신대?" 했더니 그 답이 가관이었다. 다음 날 대통령께서 예전 연희동에 살 때 함께 운동을 했던 우정 헬스의 회원들과 같이 식사를 하게 되어 있는데, 그 말씀자료가 잘못되었다는 것이란다. "정말이야?"라고 다시 물으면서 아연실색하지 않을 수가 없었다. 그 중요하고도 높으신 청와대 수석비서관께서 고작 헬스클럽 회원과의 식사에 대비한 말씀자료나 챙기고 계시다니. 우리나라가 이렇게도 할 일이 없는 나라란 말인가. 그러면서 다음 날 식사 때 대통령께서 말씀하시는 장면이 떠올랐다.

"김 회장님은 어떠신가요 참, 이번에 둘째 애가 서울대에 들어갔다면서요. 축하합니다. 얼마나 기쁘세요." 두 팔을 테이블 위에 올린 채 두 손을 곱게 마주 잡으며 웃음 띤 얼굴로 말씀하시는 대통령의 가슴께에는 김 회장의 자리가 표시된 좌석배치표가 놓여 있다. 그리고 "김 회장님은 어떠신가요……" 라는 내용이 담긴 말씀자료가 얌전하게 대통령의 눈을 향해 누워 있다.

문서 상의 자위행위, 고질적 문장결벽증

"그런데 그 일에 책임을 맡고 있는 국장이 계획서 초안을 받으셨으니 방향이 이래야 한다고 일러주거나, 어떤 일은 불필요하니 빼고 어떤 일은 집어넣어라. 일의 시기나 주체가 잘못된 것이 아니냐 등등의 지침을 주어야 마땅하다. 그러나 C 국장은 보고서 초안을 잡는 순간부터 빨간 펜을 들고 제목에서 토씨까지 글자를 고쳐대기 시작하는 것이다."

영어로 masturbation 또는 self-amusement를 우리말로 자위행위라고 한다. 스스로 성적인 쾌감을 자극하는 행위를 말하는 것이나 일을 하면서 일의 성과하고는 아무 상관 없이 스스로 자기만족 또는 자아도취에 빠지는 경우를 빗대서 이 말을 쓰기도 한다.

어느 조직에서나 마찬가지일 거라고 생각되나 특히 관료조직 안에서는 이 자위행위가 곳곳에서 횡행한다. 남들은 알아주지도 않는데 마치 세상의 일은 다 자기가 한 것처럼 틈만 나면 일 자랑하는 사람, 전혀 쓸데없는 일만 하면서 일 속에 푹 파묻혀서 아랫사람들을 늘 피곤하게 하는 사람, 일보다는 보고서 만드는 일이 지상과제인 사람까지 수두룩하다. 그리고 이중 어느 한 가지에 해당하는 사람이라면 대개는 나머지 경우도 겸비하기 마련이라는 것이 우리네 경험법칙이다. 그런데 민간조직보다 관료조직에서 더 자위행위가 횡행하는 듯하다. 그 이유는 아마도 주인이 없는 조직이기 때문일 것이다. 요즘같이 어려운 시절에 자위행위만 일삼는 인간을 어느 기업주가 가만 놔두겠는가.

여러 자위행위 중에서 가장 일반적이면서도, 조직원을 가장 짜증나게 만드는 경우가 바로 대세와 상관없이 줄창 글자만 고쳐대는 경우다. 먼저 나와 동료들을 수시로 아찔하게 만들었던 아무개 국장(C 국장)의 경우를 보자. 나는 C 국장 밑에서 어떤 일의 기본 계획을 만든 적이 있다. 기본 계획이라면 앞으로 할 일에 대해서 큰 방향을 잡고, 또 어떤 일을 누가 언제 어떻게 할 것인지를 미리 정리해 놓는 일이다. 그런데 그 일에 책임을 맡고 있는 국장이 계획서 초안을 받으셨으니 방향이 이래야 한다고 일러주거나, 어떤 일은 불필요하니 빼고 어떤 일은 집어넣어라, 일의 시기나 주체가 잘못된 것이 아니냐 등등의 지침을 주어야 마땅하다. 그러나 C 국장은 보고서 초안을 잡는 순간부터 빨간 펜을 들고 제목에서 토씨까지 글자를 고쳐대기 시작하는 것이다. 좀 과장되게 얘기하면 이분은 마치 글자를 고치기 위해서 태어난 사람 같았다. 천하의 이문열이 쓴 글도 이 양반의 빨간 펜 앞에서는 만신창이가 되고 말았을 것이다. 잔뜩 엎드린 자세로 글자를 고치고 있는 모습을 보노라면 자못 숭고하기까지 하다. 마치 신춘문예에 응모하는 작가 지망생의 자세를 느낄 수 있었고, 또 잡지사의 교열기자가 연상되기도 하였다. 사방이 밑줄과 X표, 날림표, 화살표 등으로 난자된 보고서를 내 줄 때의 표정은 '어이구 이 불쌍한 것들!'이고, 수정이 완료된 보고서를 받아 읽고 나서의 표정은 '으음 바로 이거야! 뷰리풀!'이다. 한마디로 자위행위로 절정을 느끼고 난 다음의 표정이다. 아, 이 지긋지긋한 고질적 문장결벽증이여!

C 국장의 예를 한 가지 더 들어보자. 어느 날 내무부에서 한 직원이 급한 일로 총리실의 협조를 얻으러 찾아왔다. 자초지종 얘기를 듣고 있는데, 지나가던 C 국장이 웬일이냐고 참견하더니 "그럼 이리 와봐" 하며 그 직원을 아예 데리고 가버렸다. 그런데 국장실에 들어간 내무부 직원이 써 가지고 온 메모를 꺼내어 막 보고를 하려는 순간, C 국장은 그 메모를 쓱 집어갔다. 그러고는 밑줄을 그어가며 글자를 고치기 시작하는 게 아닌가? 그때 보고를 하던 내무부 직원의 황당해하던 표정을 지금도 잊을 수가 없다.

이러한 문장결벽증 환자들은 말단 서기 자리부터 일국의 총리까지 광범위하게 곳곳에 분포되어 서식(?)하고 있다. 일찍이 고위관료로 시작하여 정계와 학계의 경험까지 갖춘, 대권 후보로 거론되는 어떤 분은 총리 자리에 올라서까지도 글자를 고치고 싶은 욕구를 포기하지 못하시는 분이었다. 이분은 보고서를 고치면서 글씨를 크게 하라,

굵게 하라는 것까지 표시할 정도였다. 대통령을 최측근에서 모시고 있는 수석비서관들도 예외는 아니다. 제5공화국 시절 청소년대책 보고회의를 준비하던 때의 일이다. 대통령을 비롯하여 국무위원 및 시도지사, 그리고 사회 저명인사들이 참석하는 행사인 만큼 보고자료에 각별한 신경을 쓰지 않을 수가 없었다. 그러나 이때도 초안을 만드는 데 들어간 시간보다 그것을 고치는데 들어간 시간이 열 배 이상이었다. 그것도 대부분이 내용보다는 글자를 고치는데 들어간 시간이다. 그리하여 천신만고 끝에 최종안을 슬라이드로 만들어 청와대로 가져갔다. 그런데 청와대에서도 행정관, 비서관이 보는 족족 고쳐대는 것이었다. 그리하여 또다시 며칠이 소요된 후 드디어 정무수석비서관에게 최종보고를 하러 갔다. 당시 복잡다단했던 국정의 많은 부분을 담당하고 있던 정무수석이 보고를 받고 내린 첫마디는 제목의 크기와 위치를 바꾸라는 것이었다. 그리고 그다음은……. 이제 더 이상 얘기하고 싶지도 않다.

지금도 정부 각 기관에서는 수많은 보고서, 계획서, 공문서가 만들어지고 있다. 그리고 그 문서를 기안하는 사람은 하나인데, 그것을 붙잡고 글자를 고치며 시간을 지체시키는 사람들은 층별로 수두룩하다. 지방자치단체의 경우는 계장, 과장, 국장, 부단체장, 단체장이, 중앙부처의 경우에는 계장, 과장, 국장, 차관보, 차관, 장관이 기안자의 문서를 들여다보는 역할을 한다. 이들 결재권자들이 각종 회의나 행사 등으로 자리를 비우는 경우까지 생각한다면 공무원 사회에서 왜 일 처리가 늦는지 너무나도 분명해진다. 민간기업은 가능한 계층구조를 없애면서 업무의 효율화를 꾀하고 있는데 반해, 정부조직은 여전히 과거의 계층구조를 그대로 강력하게 유지하고 있다. 일부 부처에서는 민간기업처럼 팀장이란 명칭을 사용하긴 하지만 안을 들여다보면 역시 명칭만 다를 뿐 내용은 똑같다(정부가 왜 계층구조를 줄이지 못하는가? 이 문제는 뒤에서 다시 별도로 언급될 것이다).

기관별로 살펴보면 일이 없는 기관일수록 문서작성에 소요되는 시간이 길어진다. 일이 없으니 글자나 고치고 앉아 있는 것이다. 말로 해도 충분히 될 것을 문서로 만드는 것이다. 공직 사회에서 만들어내는 수많은 문서 중에 과연 실제로 집행되거나 아니면 최소한 간접적으로라도 국민 생활과 관련하여 어떤 역할을 한 것이 얼마나 될까. C 국장의 경우처럼 그토록 심혈을 기울여 만든 보고서의 대부분이 상급자로부터 "수고했어"라는 말 한마디만 듣고 그의 책상 위에 그냥 쌓여 있다가 폐휴지로 사라지기 일쑤였다. 그런데도 우리 C 국장님은 종종 자신의 걸작품들을 대견스럽다는 듯이 만지작거리며 스스로 흐뭇해하시곤 했다. "아, 힘들다! 그러나 얼마나 뿌듯한가!" 라고 중얼거리시며.

청소년대책기구만 만들면 청소년 문제는 해결되나

당시 청소년대책반 구성원들 중 이 '법', '기금', '연구원'이 반드시 필요하다고 생각했던 사람은 아무도 없었다. 단지 '있으면 좋겠지' 정도였을 뿐이다. 그 내용이 무엇이어야 한다는 생각도 없이 말이다. 이렇게 해서 청소년기본법, 청소년육성기금, 청소년연구원 등이 만들어졌다. 그러나 이런 게 있는지, 이들이 무엇을 하는 것인지 아는 사람이 얼마나 될까. 심지어 공무원 중에서도 이들의 존재와 기능을 아는 이는 관련된 사람들 이외에는 거의 없을 것이다.

청소년 문제가 심각하다는 데 이의가 있는 사람은 없을 것이다. 청소년 문제는 정말 심각하다. 그런데 더욱 심각한 것은 청소년 문제에 대한 일반인의 인식이다. 청소년 문제만큼은 전문가가 따로 없다. 청소년 문제가 제기되면 모두가 한마디 이상씩 한다. 각양각색의 대책들이 쏟아져 나온다. 그러다 보니 결국 배가 산으로 올라가는 경우가 심심치 않게 일어난다. 청소년대책기구가 그 대표적인 사례이다.

우리나라에 청소년대책기구가 있을까 아니면 없을까? 답은 '있다'이다. 문화관광부 내 청소년국과 청소년보호위원회가 그것이다. 청소년대책기구가 잘한 점과 못한 점은 나중에 살펴보기로 하고, 먼저 청소년대책기구가 생긴 경위부터 살펴보자. 제5공화국이 출범한 후 임기의 절반 이상이 경과하자 독재군부는 어느 정도 여유를 갖게 되었다. 그러면서 분출하는 국민들의 민주화 욕구를 슬슬 다른 데로 돌릴 필요성이 절실해졌다. 그래서 나온 것이 일명 '3S', 즉 스포츠sports, 섹스sex, 스크린screen정책인데, 우스운 일은 한편으로는 엉뚱하게도 사회의 도덕성을 강조하고 나왔다는 사실이다. 전두환 전 대통령은 1984년 내내 중앙이든 지방이든 각종 행사에서 경로효친을 강조하고 청소년 문제의 심각성을 경고하고 다녔다. 그러다가 연말에 당시 권력 실세이던 박철언 정책보좌관에게 청소년 문제에 대한 특단의 대책을 마련하라고 지시했다. 이에 따라 청와대 내에는 각 부처에서 차출된 인력으로 특별 대책팀, 일명 태스크포스가 구성되었다. 여기서 6개월여의 작업 끝에 나온 작품이 '청소년종합대책'이었다. 그 내용 중의 하나가 1985년 1월 국무총리실에 국장급을 반장으로 발족한 청소년대책반이다.

당시에 체육부에서 올림픽 준비업무를 담당하다가 청소년대책반의 일원으로 참여하게 된 필자는 이내 청소년종합대책, 그중에서도 청소년대책기구라는 것이 곧 거품이고 허수에 지나지 않는다는 것을 깨닫게 되었다(사실 정부가 수시로 발표하는 종합대책이라는 것이 무슨 새로운 것은 아니다. 정부 각 부처에서 기왕에 하고 있는 일들을 '짬뽕'한 다음 그럴듯하게 각색해서 내놓은 것이 대부분이다). 청소년이 누구인가. 청소년은 중1부터 고3까지의 학생이다. 물론 학생이 아닌 청소년—취업 청소년, 무직 미진학 청소년—도 있다. 이는 전체 청소년의 극히 일부이다. 그러면 대부분의 청소년은 어디 소속되어 있는가. 학교다. 그러니 청소년대책은 교육대책일 수밖에 없다. 그러면서도 우리는 교육 문제와 청소년 문제는 전혀 별개인 것처럼 생각하고 또 얘기한다. 총리실에 청소년대책반이 생기기 전에는 당시 문교부에 청소년과 있었다. 여기에서 학교 밖의 청소년과 청소년 시설을 다루었다. 돌이켜 생각해 보면 이게 맞는 체제 아닌가. 그런데 청소년 문제가 심각하다고 난리니까(사실 청소년 문제는 인류역사가 시작된 때부터 지금까지 내내 심각했다. '요새 젊은 것들은 정말 버르장머리가 없다'는 말은 고대 문헌에도 나온다) 다들 그것이 결국 교육 문제라는 사실을 망각하고, 별도의 대책과 이에 따른 별도의 기구가 필요하다는 주장에 맞장구를 쳤다.

청소년대책반에서 하는 일은 청소년종합대책에 들어 있는 각 부처 청소년 관련 업무를 챙기는 일이었다. '챙긴다'는 것은 추진 실적을 보고받아 평가한다는 것이다. 그런데 앞에서 얘기했듯이 이때의 추진실적이란, 종합대책을 만들기 이전부터 부처마다 하고 있는 일 중에서 청소년 관련 부분만 골라낸 것일 수밖에 없다. 그리고 그 대부분은 문교부(현재는 교육부) 업무이고 나머지 부처의 일은 전체의 10퍼센트 정도도 되지 않는다. 그러니 청소년대책반은 각 부처가 특히 문교부가 알아서 하고 있는 일들을 청소년종합대책에 들어 있다는 이유로 특별히 도와주는 것도 없이 공연히 간섭하는 존재 그 이상도 그 이하도 아닌 것이었다. 이렇게 되자 청소년대책반은 대책반대로 무언가 표나는 일을 만들어 내야 한다는 강박감에 시달리게 되었다. 분기별로 대통령께 추진상황을 보고해야 하는데 매번 같은 얘기만 되풀이할 수 없는 일이 아닌가. 그래서 새롭게 만들어 낸 것이 청소년기본법, 청소년육성기금, 청소년연구원 등이다. 당시 청소년대책반 구성원들 중 이 '법', '기금', '연구원'이 반드시 필요하다고 생각했던 사람은 아무도 없었다. 단지 '있으면 좋겠지' 정도였을 뿐이다. 그 내용이 무엇이어야 한다는 생각도 없이 말이다. 이렇게 해서 청소년기본법, 청소년육성기금, 청소년연구원 등이 만들어졌다. 그러나 이런 게 있는지, 이들이 무엇을 하는 것인지 아는 사람이 얼마나 될까. 심지어 공무원 중에서도 이들의 존재와 기능을 아는 이는 관련된 사람들 이외에는 거의 없을 것이다. 부끄러운 얘기지만 산파역을 맡았던 나 자신도 잘 모르고 있으니…….

그러던 청소년대책반도 1988년 서울올림픽이 끝나면서 새로운 운명을 맞게 된다. '올림픽' 하고 '청소년' 하고 무슨 상관이길래 하고 반문하는 분이 많을 것이다. 하지만 '상관'이란 게 엉뚱한 데서 만들어지는 수도 있다. 특히 정부조직에서는 그런 일이 얼마든지 가능한 법이다. 올림픽이 끝나자 체육부의 진로가 슬슬 문제로 떠오르기 시작했다. 올림픽을 유치하면서 생겨난 체육부가 이제 별로 할 일이 없게 된 것이다. 평상시의 체육부 일이란 대한체육회의 업무와 중복되는 것이었다. 이때 궁리해낸 것이 체육청소년부의 신설이다. 이래서 '청소년 업무를 부처 단위로 승격시켜야 한다'는 주장이 나왔을 때 반대한 사람은 아무도 없었다. 왜? 청소년 문제가 심각하다니까. 이런 식이었다. 국회에서건, 언론에서건 이 문제에 이의를 다는 사람은 아무도 없었다. 다만 총무처가 어느 정도 부정적인 시각을 가지고 있었지만 대세에 지장을 주지는 못했다. 이때 체육부 장관이 바로 당대 최고 실세라던 박철언씨였기 때문이다. 이리하여 3년 가까이 할 일이 없어 겉돌던 청소년대책반은 오히려 3개국을 거느린 실 단위로 승격되어 체육청소년부로 이관되었다. 결국 청소년 문제가 심각한 덕택(?)에 공무원들만 살 판 나게 된 꼴이다.

그 후 청소년기구는 무려 세 차례의 정부조직 개편을 겪으면서 문화관광부 내의 청소년국 및 청소년연구원과 함께 국무총리 산하의 청소년보호위원회로 귀결되었다. 청소년보호위원회가 신설된 과정도 엉뚱하기 짝이 없긴 마찬가지다. 자타가 청소년 문제 전문가라고 인정하는 강지원 부장검사의 부단한 노력과 순전한 개인플레이로 탄생된 것인데, 내가 알고 있는 위원회 직원 중에 이 위원회가 필요하다고 얘기하는 사람은 한 사람도 없었다. 대부분 검찰의 소년부에서 할 일을 수사권도 없이 하고 있으니 무슨 일이 되겠느냐는 반응이었다. 청소년보호위원회도 그 탄생 과정에서 국회에서건 언론에서건 반대에 부딪혔다는 얘기를 들어본 적이 없다.

이렇듯 교육부 내의 일개 과 단위에서 맡아 하면 바람직할 일이 사람들의 무신경과 선입견을 등에 업고 엉뚱한 목적과 이해관계에 의해서 청소년보호위원회, 청소년국, 청소년연구원으로 뻥튀기된 것이다. 이런 사실을 알고도 청소년 문제가 심각하니까 청소년대책기구가 필요하다고만 할 수 있을까. 게다가 정부 내에서 이러한 일들이 비단 청소년대책기구에서만 일어날까?

관계기관대책회의는 사악한 기구인가

관계기관대책회의에서 수많은 비민주적, 반인권적 결정을 내린 것은 사실이다. 그런데 문제는 관계기관대책회의에서 내려진 결정이 잘못된 것이지, 관계기관대책회의 자체가 잘못된 것은 아니라는 점이다. 그렇다면 과거 수십 년 동안 수많은 반민주적 악법을 날치기로 통과시킨 국회도 마땅히 폐지해야 되는 게 아닐까.

문민정부가 들어서면서 단행한 많은 개혁조치 중의 하나로 관계기관대책회의의 폐지라는 게 있었다. 단기간에 많은 개혁을 하려다 보면 엉뚱한 조치가 나올 수도 있는데 그 대표적인 사례가 바로 관계기관대책회의의 폐지일 것이다. 관계기관대책회의는 과연 폐지되어 마땅한 사악한 기구였나?

이를 따져보기 전에 먼저 관계기관대책회의라는 게 무엇인지부터 살펴보자. 관계기관대책회의란 어떤 공식기구가 아니다. 그때그때 발생하는 사회적 문제에 대응하기 위해서 청와대의 관계수석 또는 안기부의 담당차장이 관계부처의 차관급들을 소집하여 의견을 수렴하거나 조율하는 비공개회의다. 따라서 이것은 고유명사가 아니라 보통명사다. 정부 안에서 관계기관들이 모여 그때그때 대책회의를 하는 것은 너무도 당연한 일로, 하등 잘못도 아니며 나쁠 일은 더더욱 없다. 오히려 열심히 일한다고 칭찬까지 받을 일이라고도 할 수 있다.

그런 관계기관대책회의가 왜 폐지의 대상이 된 것인가. 그것은 문민정부 책임자들의 편견과 무지 때문이라고 밖에 달리 설명할 길이 없어 보인다. 관계기관대책회의는 박종철 고문치사 사건으로 세상에 알려지기 시작했다. 안기부 주재로 열린 관계기관대책회의에서 이 사건에 대한 은폐조작을 결정했다는 것이다. 이리하여 관계기관대책회의는 알려지면서부터 악명을 얻게 된다. 5, 6공 내내 정치권은 반독재 대 정권 유지의 싸움으로 계속 소용돌이쳤는데, 관계기관대책회의는 이 와중에서 야권탄압의 중심적 역할을 했다는 것이 YS 측의 인식이었다.

관계기관대책회의에서 수많은 비민주적, 반인권적 결정을 내린 것은 분명한 사실이다. 그런데 문제는 관계기관대책회의에서 내려진 결정이 잘못된 것이지, 관계기관대책회의 자체가 잘못된 것은 아니라는 점이다. 관계기관대책회의를 폐지해야 한다면 과거 수십 년 동안 수많은 반민주적 악법을 날치기로 통과시킨 국회도 마땅히 폐지해야 되는 게 아닐까.

관계기관대책회의는 폐지할 대상이 아니라 권장할 대상이다. 문민정부가 들어선 이래 현 국민의 정부까지 '국정의 혼선과 함께 현안에 대한 매끄럽지 못한 대처'가 항상 문제 되어 왔다. 최근의 의약분쟁이 대표적인 예이다. 거의 모든 국정이 관계부처 간 충분한 협의는 물론 사전 준비도 없이 결정되거나 집행되어 온 것이다. 시급한 국가적 현안에 대해서도 늘 한 박자씩 느리거나 아니면 이런저런 잡음 속에 혼란스럽게 대처하곤 했던 것이 사실이다. 모든 일이 일사불란하게 이뤄지곤 했던 과거 독재정부 시절로부터 벗어나는 과정에서 국정의 혼선이나 현안에 대한 미숙한 대처 등이 있을 수 있지 않느냐, 민주주의란 원래 혼란스럽고 지지부진한 것 아니냐는 반박도 가능할지 모른다. 하지만 민주주의나 인권의 차원에서조차 정책 혼선 없이 신속하게 결정하고 집행하려면 관계기관대책회의가 수시로 필요한 것이다. 군부독재를 종식시켰다는 의미의 문민정부가 추진한 정책이라고 해서 그것이 혼선 없이 신속하게 결정되고 집행되지 말아야 할 이유는 없다. 관계기관대책회의는 여전히 필요한 것이다. 좋은 방법이면 얼마든 사용해야지 과거에 나쁜 목적에 부분적으로 쓰였다 하여 좋은 방법을 버린다? 이야말로 행정의 비효율을 더욱 부추기는 우스꽝스러운 일이 아닐 수 없다.

하기야 당시에 우스꽝스러운 일이 어디 한두 가지였을까마는, 지도자가 말도 안 되는 지시를 해도 아무런 이의 없이 일사천리 진행된 것을 보면 군부독재를 종식시킨 문민정부가 아니라 군부독재를 이어받은 문민독재라 아니할 수 없다. 그런데 더욱 답답한 점은 관계기관대책회의 문제에 대해서만큼은 국민의 정부가 문민정부의 경우를 그대로 답습하고 있다는 사실이다. 국민의 정부에 들어서서도 청와대 수석이 관계부처 차관회의를 수시로 소집하고 있다는 얘기를 들어보지 못했다. 물론 경제장관회의나 안보장관회의 등의 관계장관회의가 있기는 하나 이런 공식회의는 흔히 이미 내려진 결정에 대한 사후 추인 또는 대국민 홍보 등 모양새를 갖추기 위해서 열리는 것이지 실질적인 협의나 조율을 행하는 회의가 아니다. 대통령이나 국무총리가 주재하는 회의에서 갑론을박했다고 뒷소리가 나오면 혼선이니 누수니 항명이니 하는 얘기가 나올까 봐 그런 회의에서는 할 말도 제대로 못 하는 것이 우리의 현실이기 때문이다. 실제로 관계장관회의 같은 공식회의에 배석해보면 기자들이 궁금해하는 바와는 달리 너무나 뻔한 얘기들만 오고 간다. 회의 내용을 쉬쉬하는 이유가 실질적인 내용이 너무 없어서인 경우가 오히려 더 많을 정도다.

이상하게 들릴지는 모르지만 회의는 비공식적이고 비공개적일수록 더 실질적인 경우가 많다. 다시 말해서 회의자료를 만들어 놓고 하는 회의일수록 실속이 없는 회의다. 이런 회의에서는 형식에 얽매여서 이미 다 알고 있는 현황, 문제점부터 장황하게 늘어놓다가 정작 중요한 해결방안 부분에 가서는 시간에 쫓기거나 배가 고파서 제대로 논의조차 못 하고 끝나게 된다. 그러나 아무 준비 자료가 없거나, 메모 정도만 들고 하는 회의에서는 처음부터 문제의 본질로 들어가 활발하게 실질적인 논의를 벌이게 되는 것이다. 이런 회의일수록 목소리도 높아지고 각 기관의 내밀한 이야기까지 나오면서 실속 있게 논의가 전개되는 것이다. 이미 소위 '잘 나간다'는 많은 기업에서는 경영자가 현장부서로 가서 관계자들을 불러 놓고 선 채로 회의를 하는 경우가 많다. 일이 급한데 언제 회의연락해서 회의자료 만들고 좌석배치도 하겠는가 말이다.

5, 6공 때와 달리 문민정부나 국민의 정부에서 관계기관대책회의가 안 되었던 또 다른 이유가 있다. 관료조직에 대한 불신과 거리감이 그것이다. 과거 군부독재에 충성해왔던 관료들을 어떻게 믿고 국가대사의 속내를 논할 수 있느냐는 생각이다. 생전에 잘 알지도 못하는 자들과 이런저런 얘기를 나누기가 껄끄러운 탓이리라. 정권이 영원무궁토록 유지될 줄 알았던 때와 정권이 교체 가능하게 된 때의 차이에서 부수적으로 나온 리딩그룹leading group의 행태 차이라고 볼 수도 있겠다. 하지만 실제로 일을 수행할 자들을 믿지 못한 결과는 결국 행정의 난맥상을 초래했다고 할 수 있다. 의사결정 과정에 제대로 참여하지 못한 관료조직은 엉뚱한 결정에 마지못해 적당히 따르는 시늉만 할 뿐이다. '이게 아닌데', '그게 그런 게 아닌데' 하면서 일을 하고 있으니 제대로 될 턱이 있겠는가.

일을 제대로 하려면, 대통령을 제대로 보좌하려면 지금이라도 청와대 수석들은 새벽이든 밤이든 간에, 소위 안가安家든 호텔이든 간에 수시로 관계기관대책회의를 열어 현안에 대한 의견을 듣고 시책을 조율해야 한다. 누가 어떤 목적으로 운용하느냐에 따라 달라지는 것이지 관계기관대책회의 자체가 사악한 기구는 아니다.

커져만 가는 작은 정부

" 우리나라가 어떤 나라인가. 되는 일도 없고, 안 되는 일도 없는 나라가 아닌가. 처음에는 안 된다고 버티다가 해당 부처가 총력을 동원하여 로비를 벌이면 막판에 가서 끼워 팔기를 하며 허용하는 경우가 비일비재하다. 정부 내에서 끼워 팔기가 웬말인가 하겠지만, 늘어나는 조직에 행정자치부와 기획예산처의 직원을 승진시켜서 전출을 보내는 것이다. "

전세계적으로 '작은 정부' 열풍이 분지도 오래되었다. 지구촌이 세계화, 지방화, 정보화 사회로 변화해 가면서 정부조직의 축소도 국제적인 추세가 되어버린 것이다. 우리나라에서도 정권이 바뀔 때마다 예외 없이 정부조직 개편작업이 이루어졌으며, 그때마다 내건 캐치프레이즈 중의 하나가 '작은 정부의 실현'이었다. 그러나 우리 정부는 결코 작아지지 않았다. 새 정부가 출범하면서 줄어드는 듯하다가도 정권 말기에 가면 어느덧 예전 이상으로 늘어 있는 것이다.

정부조직이 줄지 않는 이유에 대해서 학문적으로는 여러 가지 분석이 있겠지만, 상식적으로 생각할 때 짐작하기 어려운 일은 아니다. 정부조직뿐 아니라 어느 조직이든 스스로 몸집을 키우려는 속성은 마찬가지이기 때문이다. 조직이 커져야 일도 편해지고, 힘도 세지고, 먹을거리도 많아지기 마련이다. 조직을 줄이면 그 반대의 결과가 뻔하니 어느 조직이든 목숨을 걸고 저항하게 되어 있다. 정부조직도 크게 보면 이런 이유에서 줄지 않고 늘어만 가는 것이다.

정부조직이 늘어나는 현상에 대해 어차피 사회가 복잡다기해지면서 끊임없이 새로운 행정수요가 발생하기 때문이라고 합리화하는 설명도 있다. 얼핏 보면 여기에는 잘못이 없는 것 같다. 그러나 그렇지 않다. 새로운 행정수요에 따라 늘어나야 한다면 이미 사라진 행정수요에 따라 줄어들기도 해야 하지 않는가. 그런데 이런 경우는 극히 드문 것이다. 없애야 할 부분은 안 없애고 새로 만들어야 할 부분만 계속 만들어 내는 셈이다. 올림픽을 한다고 급히 만들어낸 체육부는 올림픽이 끝나고도 한참을 존속하다가 아직도 문화관광부 내에 체육국이라는 이름으로 숨어 있다. 유사한 업무를 수행하는 대한체육회가 엄연히 존재하고 있는데도 말이다. 정부 각 기관 내에 이런 식으로 숨어 있는 부서는 지금도 상당한 숫자일 것이다.

그런데 이렇게 늘기만 하고 줄지는 않는 현상을 방지하기 위한 장치가 정부 내에 없는 것이 아니다. 행정자치부의 조직국과 기획예산처의 예산실은 각 부처의 조직 신설을 사전에 심사하여 승인하는 기능을 가지고 있다. 즉, 이 두 부서가 안 된다면 안 되는 것이다. 그러나 우리나라가 어떤 나라인가. 되는 일도 없고, 안 되는 일도 없는 나라가 아닌가. 처음에는 안 된다고 버티다가 해당 부처가 총력을 동원하여 로비를 벌이면 막판에 가서 끼워 팔기를 하며 허용하는 경우가 비일비재하다. 정부 내에서 끼워팔기가 웬 말인가 하겠지만, 늘어나는 조직에 행정자치부와 기획예산처의 직원을 승진시켜서 전출을 보내는 것이다. 이리하여 대부분의 행정부처에는 행정자치부와 기획예산처 출신 직원들이 곳곳에 포진해 있다. 인허가권을 가진 부서를 중심으로 같은 정부 내에서도 이러한 뒷거래가 이루어지는 것이다. 그러니 줄지는 않고 늘기만 할 밖에.

작은 정부를 만들기 위한 정부 개편작업을 추진하다 보면, 없애거나 줄이고자 하는 기관의 구성원들로부터 강렬한 저항을 받게 된다. 멀쩡히 일하던 직장이 사라지는 판이니 사활을 걸고 구명운동에 나서게 되는 것은 당연한 일이리라. 국민의 정부가 출범하면서 이루어진 정부 축소작업의 과정에서 인상적인 부분이 있었다. 당시 완전히 폐지대상으로 결정된 부처는 공보처와 정무장관실이었다. 공보처는 과거 소수 야당이었던 집권 세력으로부터 야당탄압을 주도해왔던 언론개입의 주범으로 몰려 폐지대상 제1호가 되었다고 할 수 있으며, 정무장관실은 실제상의 기능도 애매모호했고 조직 자체도 매우 소규모로서 없애는 데에 따른 부담이 그리 크지 않았기 때문에 만만하게 폐지대상이 된 것이다. 그런데 당시 두 해당 부처 장관의 상반된 행태가 공무원 사회에 깊은 인상을 남겨주었다. 문민정부 최장수 장관이었던 당시 오인환 공보처 장관은 공보처 폐지 움직임에 대해서 아무런 대응도 하지 않고 공보처가 사라져 가는 것을 그대로 방치한 반면, 당시 홍사덕 정무장관은 정무장관실의 폐지를 막기 위해서 활발한 로비활동을 벌였다. 공보처는 폐지 후 얼마 되지 않아 국정홍보처로 부활한 것으로 보아 알 수 있듯이 폐지의 명분이 강하지 않았음에도 불구하고 오 장관은 '자네들 알아서 하라'는 식으로 대응함으로써 직원들이 사지로 내몰리는 사태에 눈을 감아 버렸다. 이에 반해 홍 장관은 넉 달 정도밖에 함께 하지 못한 부하들이 실직자가 되는 것을 막기 위해 눈물겨운 투쟁을 전개했다. 이러는 과정에서 정무장관실은 홍 장관의 노력 덕분으로 국무총리 정무비서실로 흡수통합됨으로써 많은 수의 직원을 구제하는 선으로 가닥이 잡혀갔다. 그러나 마지막 최종안은 그동안의 노력도 헛되이 완전히 폐지되는 것으로 결론이 났으며, 언론 발표문안도 그렇게 인쇄를 끝냈다. 이제는 더 이상 어찌할 방법이 없게 된 것이다. 그런데 웬걸, 다음 날 아침의 공식발표 내용은 '국무총리 정무비서실로 흡수통합'이었다. 인쇄까지 다 끝났는데 어찌 된 것일까. 당시의 최종 발표문서를 보면, 이미 인쇄된 정무장관실 관련 부분이 볼펜으로 고쳐져 있는 것을 알 수 있다. 홍 장관은 최종적으로 결론이 난 날 밤까지도 처절하게 로비를 벌인 것이다. 없어져야 할 부처는 없어지는 게 옳다. 하지만 자기가 책임을 맡았던 기관의 장으로서 직원들의 생존을 위해서 혼신의 힘을 다한 홍 장관의 자세는 이와 별개의 차원에서 인상적이라 하지 않을 수 없다.

애초에는 한시적으로 만들어진 부서였지만 사회적 명분을 활용하여 명칭을 바꾸어 가며 교묘하게 생존해 가는 경우도 많다. 교육 문제를 해결하겠다고 교육개혁위원회가 만들어진 것이 언제인지도 모르겠다. 정부가 바뀔 때마다 이름만 다르지 비슷한 위원회가 늘 있었던 것 같다. 국민의 정부도 새롭게 교육에 관한 위원회를 만들었는데(새교육공동체위원회였다가 다시 교육인적자원정책위원회로 바뀜), 그 정확한 명칭이 무언지 제대로 아는 사람은 별로 없을 것이다. 교육 문제가 심각하다는 것은 우리 4천만 동포가 공감하는 바이니 그 해결을 위해서 무슨 위원회를 만든다면 반대가 있을 리 없다. 하지만 그 무슨 위원회를 만들어 운영한 덕에 우리 교육이 조금이라도 나아진 구석이 있는 것일까. 어쩌면 교육 개혁 관련 위원회는 우리나라 교육 문제가 영원히 심각하기를 바랄지도 모를 일이다. 그것이 자기 존재의 이유니까. 과거에 행정의 효율화를 위해서 만들어진 행정개혁위원회도 문민정부의 행정쇄신위원회를 거쳐 국민의 정부에서는 규제개혁위원회라는 이름으로 존속하고 있다. 영악하기 짝이 없는 공무원들은 새 대통령의 관심사항이 무엇인가를 미리 파악하여 새로운 조직을 준비해 놓고, 이미 시한이 종료된 조직을 이름만 바꿔 살려내는 것이다. 공무원들은 이런 일에는 귀신이다.

각종 국제대회와 관련한 조직도 비슷한 경우이다. 올림픽을 준비하면서 올림픽준비위원회가 만들어졌었다. 그런데 올림픽이 끝나자 수많은 민간 직원과 각 부처에서 파견 나온 공무원들의 처리 문제가 심각했다. 만들 때는 신나게 만들었는데 우리의 모든 일이 그렇듯이 나중 생각은 아무도 하지 않은 것이다. 결국 체육진흥공단을 만들어 많은 부분을 소화했지만 공무원들은 많은 수가 대기상태를 겪었다. 그러다가 다소 시차는 있지만 대전 엑스포EXPO 개최가 결정되었고 또다시 조직위원회가 구성되었다. 이번에는 대회 후의 인력처리 문제에 대해서 미리 걱정은 했지만 그렇다고 구체적인 대비는 세워져 있지 않았다. 대회가 끝나면 또 공단 하나 만들고, 그때쯤 가서 또 큼지막한 국제대회를 유치하면 되겠지 하는 배짱이 생겼다고나 할까. 실제로 그 후에 아시안게임, 동계유니버시아드, 동계올림픽, 아셈ASEM 등의 개최가 줄줄이 결정되었고 줄줄이 조직위원회가 구성되었다. 조직위원회를 만들기 위해서 국제대회를 유치하는 게 아닌가 하는 억측까지 들 정도였다.

마지막으로 정부조직이 줄어들기 힘든 첫째 이유이지만 지금까지 아무도 지적하지 않은 부분이 있다. 어려운 말로 지금까지의 축소작업은 모두 수평적 축소였다. 반면에 수직적 축소에는 아무도 관심을 갖지 않은 것이다. 무슨 말인고 하니 현재 11단계로 이루어진 행정조직의 계층구조는 전혀 개편하려 하지 않는다는 것이다. 서기보, 서기, 주사보, 주사, 사무관, 무보직 서기관, 서기관, 무보직 부이사관, 부이사관, 이사관, 관리관, 차관, 장관으로 줄줄이 길게 이어지는 계층구조를 줄이면 어떻게 될까. 물론 공무원 수가 자동적으로 엄청나게 줄어들게 된다. 일은 말단 직원이 끙끙대며 다 해내고, 글자나 고치면서 결재를 하는 재미로 세월을 보내는 상관이 층별로 줄줄이 올라타 있는 이런 비효율적인 계층 구조를 몇 단계만 줄여도 정부조직은 가뿐해질 수 있다.

그런데 천기누설이라 빗대어 표현할 수 있을 정도로 공무원들은 이 부분을 건드리는 것을 두려워한다. 왜 그럴까. 공무원들은 박봉에 허덕이면서도 바로 승진하는 맛에 버티고 있기 때문이다. 계장이 되고 과장을 다는 날을 손꼽아 기다리면서 살아가는 데, 그 자리를 없애면 아무런 낙이 없어지기 때문이다. 이런 내용을 지금 굵은 활자로 꾹꾹 눌러 밝히고 있는 나는 공무원 사회로부터 필히 배신자로 낙인찍힐 것이다.

국민만 피해 보는 일류부처, 삼류부처 가르기

" 삼류부처의 맨파워가 떨어지고 사기가 낮아지면, 그 부처가 담당하는 행정의 수준이 어떻게 될지는 불을 보듯 뻔하다. 결국은 그 부처의 업무를 집행하는 과정에서 관련된 국민에게 그 피해가 곧바로 미칠 것이다. 우리가 그렇게 불편과 혼란을 겪었던 의약분업의 문제도 따지고 보면 보건행정의 미숙함과 부실에서 비롯되었다고 할 수 있다. "

총리실은 정부 안에 있는 여러 부처를 상대하기 때문에 이곳에서 근무를 하다 보면 각 기관별 특징과 차이가 비교적 눈에 잘 들어온다. 똑같이 국민을 상대로 한 기관이고, 모두 다 동일한 시험과 절차를 거쳐서 채용된 사람들이 근무하는 기관이지만, 기관별로 문화가 다르고 맨파워man power도 차이가 있으며 조직의 사기도 천차만별이다. 이유는 여러 가지가 있을 수 있으나 그중에서도 역시 가장 큰 이유는 각 기관의 고유업무에 따라서 상대하는 집단이나 조직이 다르기 때문일 것이다. 즉, 행정대상에 따라서 기관별로 특성이 나타날 수밖에 없다. 예를 들어 농림수산부는 농어민을 상대하고, 교육부는 교육기구를 상대하며, 금융감독위는 금융조직을 상대하는데 이처럼 업무상대에 따라서 기관의 분위기가 달라지리라는 것은 충분히 짐작이 가능한 일이다.

그런데 기관별 특징과 차이를 얘기할 때 사람들이 제일 많이 묻는 것이 있다. 어느 부처가 제일 좋으냐, 즉 어디가 일류부처고 어디가 삼류부처냐는 것이다. 우리야 워낙 서열 매기기를 좋아하는 민족이니까 그럴 테지만 도대체 일류와 삼류를 구분하는 기준은 무엇일까. 대학별 서열 매기기와 마찬가지로 생각하면 될 것이다. 즉, 초임 공무원들이 가장 많이 지원하는 부처가 어디냐가 큰 기준이 될 것이다. 최근 들어 지원경향이 다소 바뀌어 가고 있다고는 하지만 아직도 기획예산처, 금융감독위, 재정경제부, 공정거래위, 산업자원부 같은 경제부처가 여전히 인기부처라고 알려진다. 인기부처이다 보니 우수한 인재들이 몰리게 되고, 그러다 보니 맨파워가 막강해지고……. 이런 식으로 해서 서울대학교는 가만히 있어도 일류대학이 되듯이 경제부처는 저절로 일류부처가 된다.

그러면 경제부처가 인기가 있는 이유는 무엇인가. 사회의 모든 부문 중에서 경제가 차지하는 비중이 제일 크기 때문에, 지구촌의 무한경쟁시대에서 결국은 경제력이 국가경쟁력을 좌우하기 때문에, 경제를 알지 못하면 사회에서 리더가 되기 어렵기 때문에… 등은 면접시험 때나 할 이야기다. 실제로는 어떤가. 드러내놓고 얘기하기는 쉽지 않지만 행정의 주요 상대가 기업이나 금융기관 등 시쳇말로 주로 '돈이 되는 쪽'이기 때문이다. 일하다 보면 부富가 있고 끗발이 있고, 가족과 친지 등 주변에 이런저런 도움이 많이 되고, 나와서도 여기저기 갈 곳이 많으며, 경제부처 출신들이 장관이 많이 된다는 것이 실제 이유일 것이다. 그러면 인기 없는 삼류부처는 어떤 곳인가. 일류부처의 반대로 생각하면 된다. 주요 행정대상이 별로 '돈이 안 되는' 쪽이라고 할 수 있는 것이다. 대기업을 상대로 하는 업무보다 소년소녀 가장을 상대하는 업무가 인기가 떨어지리라는 것은 한국의 현실에서 너무도 당연한 이야기이리라.

이렇게 해서 우리네 대학들이 그렇듯이 정부부처에도 나름의 서열이 있고, 그 서열에 따라서 맨파워에서도 차이가 난다. 앞에서 언급했듯이 총리실 같은 데서 일하다 보면 부처별로 그 차이가 비교적 분명하게 드러난다. 업무상 전화를 걸어보아도 금방 알 수 있다. 일류부처의 공무원들은 대체로 자기업무에 완전히 숙달이 되고, 또 정리가 되어 있어 문의가 있으면 상대방의 수준에 맞추어서 쉽고도 소상하게 답변을 해 준다. 반면에 삼류부처의 공무원들은 자기업무도 제대로 소화하지 못한 채 요령부득으로 답변하기 일쑤에다가, 그나마도 퉁명스럽고 불친절한 경우가 많다.

정부부처에도 서열이 있다는 지적을 두고 세상일이 다 그런 게 아니냐고 할 수도 있다. 하지만 정부부처 간 서열의 존재와 대학 간 서열의 존재를 같은 차원에 놓고 얘기해서는 안 된다. 삼류부처의 맨파워가 떨어지고 사기가 낮아지면, 그 부처가 담당하는 행정의 수준이 어떻게 될지는 불을 보듯 뻔하다. 결국 그 피해는 그 부처의 업무와 관련된 국민에게 곧바로 미치게 될 것이다. 우리가 그토록 불편과 혼란을 겪었던 의약분업의 문제도 따지고 보면 보건행정의 미숙함과 부실에서 비롯되었다고 할 수 있다. 해마다 바뀌면서 전 국민을 고통 속으로 몰아넣고 있는 입시정책도 궁극적인 책임은 교육행정당국에 있다고 지적할 수밖에 없다. 경제행정의 실패는 많은 부분이 정치권의 개입 때문이라고 볼 수 있지만, 국민들의 일상생활과 밀접히 관련된 사회복지나 교육·문화와 같은 행정 분야에서의 실패는 행정 자체의 책임이 매우 크다. 자기업무를 제대로 설명도 못 하는 사람들이 펼치는 행정이 제대로 되기를 바라는 것 자체가 무리인 것이다. 더구나 소위 삼류부처란 데를 가보면 '주사행정'이란 말이 실감 난다. 일은 말단 주사에게 맡겨놓고 계장 이상(과장, 국장, 차관보, 차관, 장관)은 결재만 하려 드는 행태가 아직도 남아 있다고 해도 지나치지 않다. 낮은 맨파워와 낮은 사기에 더해서 불성실까지 더해지는 형국이다.

어쨌든 교육의 평준화는 논란의 여지가 있는 문제이지만, 정부부처의 평준화는 논란의 여지가 없는 문제이다. 정부부처 간의 인기 서열이 너무 뚜렷하고, 그에 따라 인력의 수준이나 사기의 차이가 부처 간에 심화될 경우 의료대란 같은 사태가 계속 발생하지 않는다는 보장이 없다. 그렇다면 어떻게 해야 바람직한 부처 평준화를 이룰 수 있는가. 행정학적으로 전문적인 얘기는 여기서 생략기로 한다. 다만 앞에서 얘기했듯이 업무와 관련해서 생기는 부富와 '끗발' 등이 어느 정도인가가 부처 간 서열 매기기의 주요 요소라는 사실 안에 그 해법의 핵심이 들어 있는 것만은 분명하다.

다행히 최근 사회 가치의 다원화 추세에 따라 초임 공무원들의 지원경향이 많이 달라지고 있다고 한다. 행정고시 수석합격자가 문화관광부를 지원했다는 얘기는 이제 더 이상 뉴스거리가 되지 못하는 실정이다. 한편 산업구조의 변화에 따라 인기 판도가 달라지는 경우도 나타나고 있다. 예를 들어 과거에 우체국과 전화국 업무를 담당하던 체신부가 이제는 첨단산업을 지원하는 정보통신부로 각광을 받고 있는 것이 그것이다. 더구나 외환위기IMF 이후 경제파탄의 주범으로 경제관료들이 손가락질 받곤 하는 지금 경제부처의 인기도 예전과 같다고는 할 수 없다. 기왕에 이런 상황이 되었으니 차라리 부처 간 평준화가 좀더 앞당겨졌으면 하는 것이 나의 심정이다. 우리나라 행정이 경제 우선, 경제 일변도에서 벗어나서 교육·문화·사회·복지 등 행정 전 분야가 고르게 발전하는 것이 개발독재 시절의 '기업의 삶의 질 향상'에서 나아가 민주복지사회의 '국민들의 삶의 질' 향상을 위해 도움이 될 것이다.

아무도 말 못 꺼내는 정부 안의 지역차별

서류를 정리하다가 우연히 보게 된 한 지휘서신의 내용이 나를 경악게 했다. 내용인즉 "최근 야당(당시는 평민당임)이 강남지역에 사는 고위관료들 집에 호남 출신 파출부들을 침투시켜 정보를 빼내고 있으니 각별히 유의 바람"이 골자였다. 나는 이 문서를 읽으면서 전율을 금치 못하였다. 이 나라가 제대로 된 나라라고 할 수 있는가. 정부가 야당을 적으로 내몰고 있는 이 나라가 진정한 통합국가라고 할 수 있는가 하는 회의와 함께 왠지 슬픔이 복받쳐 올라왔다.

정부 수립 후 50년이 지난 지금 우리나라가 안고 있는 가장 큰 국가적 과제는 물론 분단의 극복이다. 그러나 통일의 문제는 우리 스스로의 힘뿐만이 아니라 주변 국가와 함께 풀어가야 할 국제적인 문제이기도 하다. 그렇다면 우리 스스로 해결해내야 할 최대의 국가적 과제는 무엇일까. 그것은 단연코 지역감정 문제라고 할 수 있다. 우리 사회의 도처에 깔려 있는 수많은 부조리, 비합리, 비효율 등 온갖 모순의 뒷자리에는 예외 없이 이 지역감정이라는 괴물이 도사리고 앉아 있다.

우리 경제를 파탄에 빠뜨리고 있는 개혁의 실패를 예로 보자. 국민의 정부가 들어선 후 3년 가까이 추진한 각종 개혁, 특히 4대 개혁은 어느 하나 제대로 진행되지 못하고 원점에서 맴돌고 있다. 막대한 돈만 낭비한 채 시간만 허비한 셈이다. 개혁이 실패하는 원인은 수도 없이 많다. 그중에서도 주요 요인으로 많은 사람들이 지목하는 대상은 정치권이다. 개혁을 이끌어야 할 정치권이 정쟁으로 세월을 지세면서 오히려 개혁의 걸림돌 노릇을 했다는 지적이다. 우리 정치권은 왜 정쟁만 일삼는가. 다소 비약이긴 하나 그것은 우리 정치권이 심각하게 대립적인 지역구도로 짜여 있기 때문이다. 그리고 그 지역구도는 지역감정을 토대로 하고 있다.

지역감정의 뿌리는 무엇인가. 한마디로 말하면 지역차별이다. 과거 군사독재정부가 정권 유지 수단으로 지역차별정책을 썼고, 그로 인해 지역감정이 싹 텄으며, 여야를 막론하고 정치권이 이 지역감정을 이용하면서 그것이 날로 악화되어 왔다.

행정부 내에서도 지역감정, 지역차별은 예외 없이 자행되고 있다. 아니 그것이 가장 극명하게 드러나는 현장이라고도 할 수 있다. 과거에 소위 TK정권이 장기집권하고 있을 무렵 소위 잘나가는 부처의 요직은 거의 TK 출신이 장악하고 있었다. 반대로 별 볼 일 없는 부처에는 호남 출신들이 많았다. 그래서 어느 부처가 잘 나가는 부처냐 못 나가는 부처냐를 판가름할 때 그 부처 구성원이 어디 출신이 많은가를 보면 알 수 있을 정도였다. 내가 오랫동안 근무했던 총리실은 호남 출신이 많은 부처에 속했다. 한마디로 별 볼 일 없는 부처라는 건데 생각해보면 당연한 얘기다. 총리실은 춥고 배고픈 부처이기 때문이다. 잘 모르는 사람들에게 '총리실' 하면 그럴듯한 기관인 것 같지만 아는 사람들은 다 안다. 우리나라에서 국무총리라는 게 얼마나 별 볼 일 없는 자리인 줄을. 이러니 총리실은 사실 별 볼 일 없는 기관이다. 이름만 좋을 뿐 끗발도 없고, 솔직히 말해서 '생기는 것도 없는' 기관이다.

행정부 내 지역감정, 지역차별과 관련해서 나는 개인적으로 가슴 아픈 기억이 하나 있다. 노태우정권 당시 국무총리 행정조정실에서 비서관으로 일하고 있을 때였다. 어느 날 청와대로부터 지휘서신이 내려왔다. 지휘서신이라는 것은 사실 군대용어이다. 군대 내에서 참모총장 등 고위부대장이 예하 부대의 장에게 친전으로(부하를 거치지 말고 직접 보라는 뜻) 내려보내는 서신을 일컫는 것이다. 당시만 해도 군사정권이라고 할 수 있는 시절이기 때문에 군대식 의사소통이 여전히 통용되고 있었다. 그런데 행정조정실장의 서류를 정리하다가 우연히 보게 된 한 지휘서신의 내용이 나를 경악게 했다. 내용인즉 "최근 야당(당시는 평민당임)이 강남지역에 사는 고위관료들 집에 호남 출신 파출부들을 침투시켜 정보를 빼내고 있으니 각별히 유의 바람"이 골자였다. 나는 이 문서를 읽으면서 전율을 금치 못하였다. 이 나라가 제대로 된 나라라고 할 수 있는가. 정부가 야당을 적으로 내몰고 있는 이 나라가 진정한 통합국가라고 할 수 있는가 하는 회의와 함께 왠지 슬픔이 복받쳐 올라왔다.

제5공화국 수립 이후 각 정부는 적어도 밖으로는 내내 지역감정해소, 지역차별철폐를 부르짖어 왔다. 그러나 과연 그러했는가. 지역차별은 다시 말하면 지역개발차별이었다. 그런데 역대 어느 정부가 이를 실천했던가. 흔히 각종 통계를 내세우며 또는 각종 개발정책을 예로 들면서 지역화합의 추진을 강변해 왔지만 결과적으로 아무도 납득시키지 못한 것이 작금의 현실이다. 겉으로 내세운 정책하고 실제의 정책이 달랐기 때문이다. 물론 최근의 역대 대통령들은 지역화합이라는 과업에 대해서 순수하고도 강한 의지를 가지고 있었을 수도 있다. 그런데 그게 왜 안 되었을까. 나는 한마디로 지역편중인사 때문이라고 본다. 지역편중인사를 시정하지 않고는 지역차별철폐는 본질적으로 불가능하다고 본다. 지역차별철폐는 지역편중인사의 시정으로부터 출발해야 한다.

문민정부 시절 국회 예결위에서 있었던 일이다. 당시 야당의 예결위 간사였던 김원길 의원이 지하철 건설 예산에 대해서 질문을 했다. 부산의 지하철은 이미 제2기 예산까지 충분히 책정되었는데, 왜 광주와 대전의 지하철 예산은 누락되었느냐는 질타였다. 답변에 나선 당시 재경원 장관은 부산의 교통 사정과 광주 및 대전의 교통 사정을 통계로 비교해 가면서 그 타당성을 설명했다. 그러자 김 의원이 보충질문을 했다. 광주와 대전의 지하철 건설 계획은 이미 수년 전에 그 기본 계획이 확정되어 있는데도 불구하고 아직까지 실시설계 예산이 책정되지 않아 공사가 미루어지고 있는데 반해, 부산의 제2기 지하철 기본 계획은 최근에 확정되었는데도 이미 몇 달 전에 예산부터 편성되었다. 이것이야말로 지역차별 아닌가. 부산은 교통 사정이 급해서 기본 계획이 확정되기도 전에 미리 실행예산을 짜면서, 광주와 대전은 그 지역의 교통 사정을 감안해서 이미 확정된 기본 계획이 있는데도 이제 와서 또다시 교통 사정 운운하면서 예산을 못 주겠다는 게 말이 되는가. 참으로 날카로운 지적이었다(실제로 이 정도 되는 국회의원이 극히 드물다는 것이 국회 업무를 담당했던 필자의 경험이다). 그 똑똑한 재경원 장관도 갑자기 당황하여 우물우물 답변을 늘어놓다가 스스로도 말이 안 된다 싶었던지 예산실장에게 답변을 미루었으나, 더 똑똑한 예산실장 역시 횡설수설로 답변을 얼버무리고 말았다. 우리가 이 예에서 볼 수 있듯이 설령 대통령이 아무리 지역차별을 없애라고 외친다 해도 특정지역 출신 국회의원들이 여당의 고위실세로 자리 잡고 있고, 또 예산 관련 당국의 고위관료들이 특정지역인사로 편중되어 있는 한 지역차별적인 예산편성은 피할 수가 없는 것이다. 당시의 고위관료들과 여당 실세들의 출신지역이 어디였나 하는 것은 지면상 생략하겠다.

한 가지 예를 더 보자. 우리나라는 고유명절이 되면 그야말로 세계적으로 보기 드문 귀향전쟁이 벌어진다. 그리고 지옥과도 같은 귀향전쟁을 피할 수 있는 유일한 방법은 기차를 이용하는 것이다. 따라서 철도청은 명절이 되면 상당한 수의 특별열차를 운행한다. 십여 년 전에 교통행정을 담당하던 필자는 재미있는 사실을 발견한 적이 있다. 호남선과 경부선의 증편 열차 수에 엄청나게 차이가 났다. 그래서 의문을 제기하자 당시 철도청 담당관의 답변은 이랬다. "귀향인구에 차이가 있지 않겠습니까." 물론 인구 차이만큼 열차의 증편 수에 차이가 있어야 하겠으나, 실제 열차의 증편 수는 인구 비례보다 5배 이상을 상회했었다. 무엇 때문에 이리되었을까. 열차 증편에 관여하던 사람들은 주로 어느 지역 출신이었을까. 정권이 바뀐 지금은 어떠할까. 그 반대로 되었을까. 어쨌든 지역차별은 이렇게 행정 곳곳에까지 미치고 있는 것이다.

국민의 정부에 들어와서 과거의 지역차별이 없어졌을까. 아니면 차별이 역전되었을까. 그 판단의 시금석은 편중인사 여부에 있다고 본다. 야당은 지역편중인사를 시정하라고 야단이고 정부·여당은 아니라고 강변한다. 결국 누가 옳은지는 국민들이 판단할 것이나 국민의 정서가 어느 쪽인지는 분명한 것 같다. 다만 한 가지 사족을 붙이고 넘어가련다. '너는 과거에 그러지 않았냐, 너는 더하지 않았냐'고 한다면 무엇이 달라졌겠는가. '나는 너보다 낫다'고 하려면 과거와는 달라야 하지 않을까.

한편 지역감정을 교묘히 이용하여 비약적인 지역발전에 성공한 사례를 한번 보자. 이렇게 얘기하면 흔히들 영남이나 호남의 어느 지역인가하고 생각하겠지만 예상과는 달리 충청권에서 벌어진 일이다. 유효 투표의 3분의 1을 약간 넘기고 당선된 약체 노태우정부가 여소

야대의 정국에서 정권을 힘겹게 유지하고 있을 때의 일이다. 충청남도지사(당시 관선지사였던 그는 현재 민선지사가 되어 있다)가 대통령에게 지휘보고(당시만 해도 이러한 군사용어가 그대로 통용되고 있었음)를 올렸다.

"우리나라가 경제도 이만큼 발전했고, 정치도 민주화되었으며, 이미 올림픽도 치렀으니 이제 국제적인 규모의 엑스포EXPO를 유치할 때가 되었다. 엑스포는 우리의 국력을 세계에 과시하고, 외국의 구매와 투자를 유인함으로써 우리 경제가 또 한 단계 도약을 기하는 효과를 가져올 것이다. 그리고 그 대회는 대전에서 개최되어야 한다. 왜냐? TK정부가 정권을 공고히 하고, 또 정권을 재창출하기 위해서는 충청권을 잡아야 하기 때문이다. 엑스포를 대전에서 개최하게 되면 충청권의 민심은 현 정부로 돌아오게 될 것이다."

이상이 지휘보고의 요지였던 것으로 기억한다. 그 후 대전 엑스포의 유치가 결정되어 중앙정부의 전폭적인 지원 아래 준비되고 무사히 대회를 치르게 된다. 그리고 그 와중에 대전이 비약적으로 개발된다. 엑스포가 대전의 발전을 20년 이상 앞당겼다는 얘기가 나올 정도였다. 영리한 지사 덕분에 충청남도 지역은 정치권의 지역구도를 교묘히 이용하여 자기 잇속을 충분히 챙긴 셈이다. 내가 한때 상관으로 모신 적도 있는 그분은 민선지사가 되기에 충분하고도 남는 자격을 가졌다고 할 수 있겠다.

리베이트 건네던 분이 총리 되어 오시다니

“모 교수는 나중에 장관을 거쳐 총리가 되었고, 공교롭게도 내가 직접 모시게 되었다. 취임인사 자리에서 그 총리께서는 나와 악수를 하며 “어디서 많이 보던 얼굴인데…” 하다가 아차 싶었던지 얼른 말끝을 얼버무리고 말았다.”

앞으로 밑지고 뒤로 남는 장사 중에 으뜸으로 건설업을 꼽는다는 것은 알 만한 사람이면 다 아는 사실이다. 건설업에서도 특히 토목계통이 돈 빼먹기에 제일 좋은 사업이라고 알려져 있다. 모래를 몇 차나 갖다 부었는지, 시멘트를 몇 포대나 쏟아 부었는지 확인할 길이 없기 때문이다. 이미 완성된 시설물을 일일이 깨어서 확인해 보지 않는 한, 서류만 갖추어 놓으면 공사비를 인정할 수밖에 없다.

정부가 지출하는 예산 중에서 토목공사처럼 허술한 것을 들어보라고 하면, 우선 용역 사업비를 들 수 있다. 용역 사업도 여러 가지가 있으나, 그중에서도 연구 용역이 계산이 가장 정확하지 않은 곳이다. 백문이 불여일례(例)인 만큼 실제 사례를 한 번 보자.

사무관 시절 업무와 관련해서 '청소년의식구조 조사'를 실시한 적이 있다. 대통령의 지시로 청소년대책반이 갑자기 발족하자, 새로운 조직의 사업 및 살림에 필요한 돈을 예비비(예측하기 어려운 예산외 지출에 대비하여 용도를 결정하지 않고 미리 계상해 두는 지출항목)로 확보했는데, 예비비를 얻기 위해 형식적으로 편성한 예산에 '청소년의식구조 조사'란 연구 용역 사업비가 들어 있었기 때문이다. 필요한 사업이라서 시행한 것이 아니라 예산에 실려 있기 때문에 시행했다는 것이 솔직한 고백이다. 여담이지만 정부 예산은 이처럼 대충 올려본 사업이 채택되고 꼭 필요한 사업은 정작 삭제되는 경우가 허다하다. 어떤 일을 대충 올렸는데 예산항목에 들어갔으니, 할 수 없이 그 일을 해야 하는 경우가 적지 않다. 당시의 '청소년의식구조 조사'도 이런 범주에 들어가는 일이었다. "의식구조 조사? 하면 좋겠지. 무얼 해야 하는지 모르지만." 이런 정도였다.

청소년의식구조 조사에 책정된 예산은 5천만 원이었다. 1980년대 중반이었으니 결코 적지 않은 비용이었다. 용역기관으로 모 명문대학의 모 연구소가 지정되었다. 베스트셀러가 된 책의 저자로도 잘 알려진 모 교수가 와서 용역 계약을 체결했다. 그러고는 한참이 지나 중간보고도 들을 겸해서 모 교수에게 연락을 취해 보았다. 그런데 횡설수설 우물쭈물하는 반응을 보니 놀랍게도 중간보고는커녕 시작조차 하지 않은 눈치였다. 큰일 났다 싶어 용역에 대한 계약 내용을 다시 한 번 주지시키고, 시한 내에 사업을 완료할 수 있는지 다짐도 했다. 그러고 시한이 다가오자 또다시 사업의 진척상황을 체크해 보았다. 그러나 일은 여전히 지지부진한 상태였다. 도대체가 일을 하자는 건지 말자는 건지 모를 지경이었다. 그러니 이제는 점잖게 얘기할 틈도 없었다. 그 교수를 불러 지체보상금 운운하며 다그칠 수밖에 없었다. 싫은 소리를 잔뜩 들은 교수는 상당히 언짢은 표정이었지만, 사실이 사실인 만큼 얼굴이 벌겋게 상기된 상태로 들을 수밖에 없었다.

며칠 후 고교와 대학 동기 한 명으로부터 연락이 왔다. 학교를 졸업한 후로 한 번도 만나지 못했던 터라 너무 반가웠고 이내 식사 약속을 했다. 이 친구는 마침 그 연구 용역을 맡은 그 연구소에서 바로 그 모 교수를 모시고 일하고 있었다. 대학 시절 학생운동으로 유급의 경험이 있는 친구는 뒤늦게 공부를 다시 시작했던 것이다. 우리는 가급적 용역 얘기를 피해 가면서 오랜만에 많은 정담을 나누었다. 그러고 헤어지려는데 이 친구가 갑자기 몹시 어색한 표정을 지으며 봉투 다발을 내미는 것이었다. 이게 뭐냐고 묻는 나에게 친구는 "나 좀 봐 주라"는 말을 남기고 도망쳐 버렸다. 이튿날 1백만 원짜리 봉투 다섯 개를 들고 그 친구를 찾아간 나 역시 "나 좀 봐 주라"는 말을 남기고 도망을 와야 했다. 그 후 몇 차례 독촉 끝에 시한도 한참을 넘겨서 용역 결과가 나오긴 나왔다. 우려한 대로 그 내용은 엉망이었다. '겨우 이걸 받아보려고 이 돈을 처들었나' 하는 푸념이 절로 나왔다.

그 당시만 해도 세상 물정을 몰랐던 내가 용역, 그것도 연구 용역의 생리를 알게 된 것은 한참 후의 일이다. 일부 학자들은 정부의 연구 용역을 무슨 '봉' 정도로 여기고 있다는 것, 일부 정부기관에서도 연구 용역비를 무슨 '보조금' 정도로 취급하고 있다는 것, 따라서 연구 용역은 이런 쌍방이 대충대충 형식만 갖추면 된다는 것, 그리고 이런 용역에는 대개 일정 비율의 리베이트가 따르기 마련이라는 것 등등……. 그러고 보니 모 교수가 처음에 나를 '이상한 놈' 보듯 쳐다본 이유를 알 것 같았다. 내가 계속 다그치자 '아하, 이놈이 리베이트 달란 소리구나!' 하고 생각했던 모양이다. 그러고는 역시 선수답게 나의 출신성분을 분석한 후 동기생을 뽑아서 내게 보낸 것이었다.

그렇게 해서 나온 엉터리 연구 결과가 이번에는 한 단계 더 엉터리 같은 과정을 거쳐야 했다. 연구 결과가 나왔으니 발표를 해야 하는데, 내용상 정부에게 불리한 결과가 더러 있다는 것이 문제였다. 왜 돈 들이고 욕먹겠는가? 그리하여 용역 결과는 다시 내부 검열을 받게 된다. 이것 빼고 저것 빼고 나니 결국 남은 것은 쓰레기통에나 들어갈 생선 뼈다귀뿐이었다. 그러고는 '이것을 참고하라'며 관련 기관에 용역 결과 보고서를 배포하면 그것으로 모든 게 끝난다. 참으로 돈 쓰기 쉽다.

그러나 더욱 놀랍게도 이 정도는 약과였다. 또 다른 사례를 들어보

자. 어느 날 대학교수로 있는 친구가 찾아왔다. 어느 공기업으로부터 경영평가에 관한 2억 원짜리 연구 용역을 받았는데, 기껏 일을 마쳐 놓았더니 아무 이유 없이 계약을 취소하겠다고 하더란다. 그런 게 어디 있느냐고 했더니 친구는 사실이라며 도와 달라고 통사정을 해왔다. 나는 궁리 끝에 그 공기업을 감독하는 기관의 감사관실에 관련 사실을 알려주고 비위 여부가 있는지 밝혀달라고 요청을 해두었다. 그러고는 한참이 지나도 그 친구로부터도 감사관실로부터도 아무런 소식이 없기에, 그 친구에게 전화를 해보았다. 어떻게 되었느냐는 나의 질문에 친구는 용역비로 5천만 원을 받았다는 대답이었다. 그러면 진작 그렇게 되었다고 얘기를 하지 의구심이 일었고, 이제 그것으로 되었느냐고 묻자 친구는 대답을 얼버무렸다.

내가 의문을 푼 것은 나중에 그것도 다른 연구기관을 통해서였다. 처음 계약 취소가 거론된 것은 리베이트가 제대로 오지 않기 때문에 취한 조치란다. 그리고 감사관실이나 친구로부터 아무 연락이 없었던 것은 해당 공기업 등 삼자 간에 절충이 충분히 이루어졌기 때문이란다. 그렇다면 용역비 2억 원 중 5천만 원밖에 못 받은 친구만 억울한 것이 아닌가. 그런데 그렇지도 않다는 것이다. 웬만한 용역이면 5천만 원으로도 충분하며, 게다가 다음에 용역을 계속해서 받으려면 그 정도라도 감지덕지해야 한다는 설명이다. 그렇다면 그 차액인 1억 5천만 원은 도대체 어디로 사라졌단 말인가.

앞서 얘기한 모 교수는 나중에 장관을 거쳐 총리가 되었고, 공교롭게도 내가 직접 모시게 되었다. 취임인사 자리에서 그 총리께서는 나와 악수를 하며 "어디서 많이 보던 얼굴인데…"하다가 아차 싶었던지 얼른 말끝을 얼버무리고 말았다.

제주도개발촉진특례법 제정에 얽힌 뒷이야기

무엇보다도 가장 궁금한 것은 제주도개발을 누가 왜 거론하기 시작했는가 하는 점이다. 그 당시 제주도 안에서 우리 고장을 개발해 달라는 여론이 일었던 것도 아니다. 관계부처가 국토개발계획의 일환으로 성안을 한 것도 아니었다. 오히려 내무부 등 관계부처는 제주도 개발에 대해 부정적인 입장에 있었다. …… 그렇다면 그들은 누구인가.

1987년 경제행정을 담당하던 사무관 시절의 얘기다. 어느 날 조정관(차관보급)이 불러서 갔더니 영문으로 된 보고서를 내놓으며, 잘 읽어보고 의견을 달라고 했다. 제목을 보니 '제주도 자유무역지대화에 관한 연구 용역 보고서'였다. 용역을 수행한 기관은 유명한 다국적 기업인 벡텔사로 되어 있었다. 보고서는 상당히 두꺼운 분량의 책자였으나 영문임에도 불구하고 의외로 한국식 표현의 문장이 많아 상당히 쉽게 읽어 내려갈 수 있었다. 제주도를 싱가포르나 홍콩과 비교하면서 자유무역지대로 개발할 가능성, 개발 시 필요한 조건, 개발 후의 변화상 등이 검토 분석되어 있었다. 보고서의 결론은 [제1안] 완전 자유무역지대로의 개발, [제2안] 준 자유무역지대로의 개발, [제3안] 비자가 완전히 면제되는 국제관광지로의 개발 등으로 정리되어 있었다.

일단 보고서의 내용을 요약한 다음 나의 생각을 정리해 보았다. 먼저 제주도를 자유무역지대로 개발해야 한다는 설득력이 너무 부족했다. 제주도는 싱가포르나 홍콩과 비교해 볼 때 자유무역지대로서의 요건을 어느 하나도 제대로 갖춘 점이 없음에도 불구하고, 앞으로 그 요건들을 갖추어 나가면서 개발하면 된다는 식이었다. 그렇지만 그 요건들을 어떻게 갖추어 나갈지에 대한 대안은 거의 제시하지 못하고 있었다. 개발정책에 대해 문외한인 내가 보아도 너무나 엉성한 연구 보고서였다. 그 유명한 벡텔에서 만든 보고서가 고작 이 정도란 말인가. 그러고 보니 보고서를 만든 시점도 꽤 오래전으로 되어 있었다. 여태 뭐하다가 이제야 나타난 것일까. 의문 나는 점이 한두 가지가 아니었다. 하여간 모든 점을 검토해본 결과 나의 생각은 부정적일 수밖에 없었다.

"제주도를 자유무역지대로 개발하기에는 요건이 전혀 갖추어지지 않았으며, 앞으로도 그 요건이 충족되기에는 훨씬 더 많은 시간과 함께 국가 및 지방제도의 전체적인 변화가 필요함. … 이 보고서는 과거 내무부에서 한번 다루었던 것이며 당시 부정적으로 결론을 내렸던 사항임. … 이 보고서는 벡텔에서 직접 만들지 않은 것으로 의심되는 점이 많음. 연구 자료나 논거가 너무 빈약하며 무엇보다도 문장이 너무 엉성함. 처음부터 영문으로 작성한 것이 아니라 이미 한글로 만들어진 보고서를 거꾸로 영문으로 번역한 것으로 보임……."

이상이 내가 제출한 최종적 검토의견이었다.

보고를 다 듣고 난 조정관은 상당히 난감한 표정을 지으며 오랫동안 아무 말이 없었다. 그러다가 의외로 "알았네, 수고했어!"라는 한마디로 보고 자리를 마치는 것이었다. 그 후 한참이 지난 우연한 기회에 나는 어떤 다른 사무관이 내가 다루었던 그 연구 보고서를 다시 검토하고 있다는 사실을 알게 되었다. 이런저런 의구심이 뭉게뭉게 피워올랐으나 다른 일이 바빴던 탓에 이내 그 일을 잊고 말았다.

그런데 한참이 지난 후 이번에는 대통령으로부터 경제수석비서관을 통하여 총리실에서 제주도개발 문제를 종합적으로 검토하여 보고하라는 지시가 떨어졌다. 그러자 그때부터 총리실은 공식적으로 관계부처 공무원들로 태스크포스를 구성하여 제주도개발 문제를 본격적으로 검토하기 시작했다. 그리고 그 결과 탄생한 것이 제주도개발촉진특례법, 국무총리를 위원장으로 한 제주도개발추진위원회 등이다. 그 후 제주도는 국가 예산의 대폭지원을 통해 개발에 박차를 가하게 되고, 이후 제주도는 비약적으로 변모하게 되었다. 이상이 제주도개발에 관한 대강의 이야기다.

이 이야기에 대해 '으음, 그리되었군!' 하면 그만이다. 하지만 옆에서 지켜본 사람의 입장에서는 의문점이 한두 가지가 아니었다. 조정관이 처음에 내 보고를 받고 왜 그렇게 난감해했는지. 그리고 그것을 왜 다른 사무관에게 다시 맡겼는지. 그 후 어떤 과정을 통해서 대통령의 지시까지 나왔는지. 총리실의 작업 진행상황을 왜 주무수석인 경제수석비서관이 안 챙기고 다른 수석비서관이 챙겼는지. 그 다른 수석비서관이 소개를 해준 어떤 기업주가 왜 당시 총리실 고위인사 방에 자주 들락거렸는지. 무엇보다도 가장 궁금한 것은 제주도개발을 누가 왜 거론하기 시작했는가 하는 점이다.

그 당시 제주도 안에서 우리 고장을 개발해 달라는 여론이 일었던 것도 아니다. 관계부처가 국토개발계획의 일환으로 안을 작성한 것도 아니었다. 오히려 내무부 등 관계부처는 제주도개발에 대해 부정적인 입장에 있었다. 그러니 제주도개발을 추진한 주체는 이미 수년 전부터 제주도를 자유무역지대로 개발하자는 안을 저희끼리 미리 만들어 놓고, 그것을 거꾸로 영문으로 번역하여 다국적기업의 용역 결과 보고서로 그럴듯하게 둔갑까지 시켜 놓은(실제로 용역 계약을 체결하여 엄청난 용역비까지 지불한 것으로 알고 있다) 사람들이라고 볼 수밖에 없다. 그렇다면 그들은 누구인가. 제주도개발로 이득을 보는 자들이다. 다시 말해서 제주도에 많은 땅을 갖고 있는 자들이다. 여기서 밝힐 수는 없지만 나는 그가 혹은 그들이 구체적으로 누구인지를 안다. 당시 대통령의 명으로 그 작업을 진두지휘 했던 분이 행정조정실장이었고, 나는 그분의 비서관이었으니 청와대의 누가 그 일을 계속 챙겼으며, 또 그를 누가 뒤에서 조종했는지 나는 당연히 알게 되었다.

물론 제주도개발 계획이 결과적으로 이들의 의도대로 되지는 않았다. 어쩌면 그들의 기대에 훨씬 못 미치는 결과가 되었을 가능성도 많다. 행정부가, 그리고 공무원들이 그렇게 엉터리는 아니기 때문이다. 더군다나 이미 세상은 그렇게 어수룩하게 넘어갈 수 없는 수준에까지 올라와 있었기 때문이다. 이들 덕분에 엉뚱한 사람들이 덕을 보았을 수도 있다. 제주도 사람들이 경제적인 혜택을 받았는지 아니면 지가상승과 환경 문제로 피해를 입었는지 정확히 알 수 없는 일이다. 하지만 분명한 사실은 당시의 제주도개발이 제주도에 땅을 많이 가진 한 기업주의 집요한 노력과 때마침 권력 실세가 된 그의 친구의 도움으로 추진되었다는 점이다. 개발사업에 대한 경험이 일천한 나로서는 자신 있게 얘기할 수는 없지만, 각종 개발 계획과 관련해서도 이런 사례가 적지 않으리라는 추측이 성립할 수 있다고 본다.

요절복통 시간 낭비, 국회의 대정부질문제도

"만약 국회에서 일괄질문 및 일괄답변의 관행 대신에 일문일답이 제도화된다면, 그리고 그것이 항상 온 국민에게 공개된다면 어떨까. 쌍방이(특히 행정부 쪽이) 피곤하긴 하겠지만, 국무위원이나 국회의원의 수준은 훨씬 높아질 것이 확실하다. 왜냐하면 그렇게 될 경우 엉터리 의원들이나 엉터리 장관들이 온 국민 앞에 백일하에 드러날 것이기 때문이다."

정기국회든 임시국회든 국회가 열리게 되면 그에 앞서 여야의 총무가 만나 의사일정이라는 것을 합의한다. 통상적인 의사일정은 대개 다음과 같이 결정된다. 개회식, 교섭단체 대표연설, 대정부질문, 상임위, 본회의가 그것이다. 보름을 회기로 열리는 임시국회를 일정별로 살펴보면 너무나 형식적이고 비효율적임이 단번에 드러난다.

먼저 전 국무위원을 불러놓고 애국가 부르고, 국회의장이 일이십 분 정도 인사하는 개회식으로 하루를 넘긴다. 다음은 삼십 분 정도씩 하는 교섭단체 대표연설로 또 3일을 보낸다. 대표연설을 하루에 다

하면 안 되나? 안 된다. 각 당의 대표가 하루씩 언론의 집중을 받아야 하기 때문이다. 그다음 대정부질문은 정치, 통일외교안보, 경제 1, 경제 2, 사회문화 분야로 나뉘어 5일을 보낸다. 왜 그렇게 오래 하는가? 정부의 정책을 낱낱이 캐고 비판하기 위해서? 그것보다는 많은 의원들이 TV나 신문을 통해 지역구민들에게 자신을 알리고 싶어하기 때문이다. 따라서 정작 중요한 법률안 등 각종 안건을 심의하고 토론하는 상임위나 본회의에 해당되는 기간은 얼마 되지 않는다. 게다가 대정부질문 도중 문제 발언이라도 나오면 며칠씩 공전하다가 그나마 짧은 상임위나 본회의를 하루 이틀 만에 뚝딱 해치우기도 한다. 한마디로 국회의 의사일정은 내용보다는 형식에, 실질보다는 겉치레에 치우쳐 있다고 볼 수 있다.

대정부질문을 좀더 자세히 들여다보면 구체적인 문제점들이 발견된다. 먼저 질문 내용의 수준부터가 문제이다. 답변을 준비하는 공무원들의 입장에서 볼 때, 문제를 제대로 파악하고 정곡을 찌르는 질문을 던지는 의원은 열에 하나 있을까 말까다. 대부분은 뻔한 이야기를 뻔한 논리로 장황하게 떠들다가 연단을 내려간다. 저런 상식적인 이야기를 이 귀한 자리에서 이 귀한 시간을 잡아먹으면서 꼭 하고, 또 꼭 들어야 하나 싶을 정도다. 그러나 당사자는 그것이 굉장히 중요한 얘기라고 생각해서인지 고래고래 소리를 질러가며 얘기를 한다. 질문자들은 제각기 달라도 질문 내용은 비슷비슷해서 듣는 사람들의 입장에서는 더욱 지루할 뿐이다. 그나마 그 질의서들도 대부분 본인들이 작성한 것이 아니다. 남이 써준 원고를 제대로 소화도 못 하고 읽다 보니 의미 전달이 제대로 될 턱이 없다. 어떤 경우는 한 사람이 쓴 원고가 두 의원에게 동시에 팔려간 것이 발언 전날 밤늦게 발견되어 부랴부랴 조정을 하느라 법석을 피운 경우도 있었다.

질문의 수준과 관련해서 특별히 기억나는 의원이 한 명 있다. 일찍이 젊은 나이에 경찰의 고위직을 거치고, 또 나중에 검찰의 고위직까지 지낸 이분의 질문서가 사전에 총리실로 입수되었다. 그런데 이분의 화려한 경력에 비해서 원고의 수준이 시쳇말로 '너무 아니었다.' 논리도 어긋나고 구닥다리 어휘들이 엉뚱하게 구사되어 도대체 무슨 말인지 이해할 수 없는 문제투성이였다. 이건 아직 보좌관들이 쓴 초안이겠지 하고 생각하며 계속 최종안을 수배했으나 나중에 알고 보니 웬걸, 바로 그 원고가 의원 자신이 직접 작성한 최종안이었다는 사실! 그 유명한 분의 수준이 이 정도밖에 안 된다는 사실에 답변을 준비하는 우리는 모두 입을 딱 벌리고 말았다. "그 좋은 학교를 나와서, 사법고시까지 패스했다는 분이 어떻게 이럴 수가 있는가"라고 누군가 하자 또 누군가가 이렇게 해석을 하는 것이었다. "사법연수원을 졸업한 후로 높은 자리에만 있으면서 책 한자 보지 않고 술만 먹었나 보지……."

다음으로 질문 방법, 즉 연설의 수준이다. 대부분이 미리 배포한 원고를 그대로 읽는다. 앞에서 얘기했듯이 남이 써준 원고를 소화도 못 한 채, 고개도 안 들고 그대로 읽다 보니 의미 전달조차 제대로 안 되는 경우가 숱하다. 국민의 대표인 국회의원이 모처럼 기회를 얻어 전국민 앞에서 발언을 하는데 수준이 안되는 내용이나마 또렷하게 의사를 피력하지도 못하고 청중들을 어색하고 답답하게 만들다가 단상에서 내려오는 것이다. 남편 대신 국회에 진출했던 어느 여성의원은 지독한 사투리와 함께 쉼표, 마침표에 따라 쉴 때 쉬고 마칠 때 마치지도 못하면서 원고를 읽어 내려가 듣는 이들로 하여금 복장이 터지게 만들기도 했다. 한마디로 자기가 하고 싶은 말을 원고도 없이 조리있게 얘기할 수 있는 능력을 가진 국회의원이 손에 꼽을 정도라는 것이다. 국회에서 연설을 잘 하기로는 과거의 김대중 대통령을 따를 만한 사람이 없다고 들었다. '리틀 DJ'로 통하는 한화갑 의원도 원고 없이 논리 정연하게 할 말 다하고 내려오는 의원 중의 하나다. 그러나 국회에서 말 잘하기로는 뭐니뭐니해도 홍사덕, 김동길씨를 따를 자가 없을 것이다. 홍사덕 의원이 연설을 시작하면 여기저기서 의자를 뒤로 한 채 잡담을 나누던 의원들이 어느덧 의자를 똑바로 돌리고 조용히 경청을 하는 것이다. 그런데 김동길씨는 그보다 한 수 더 위다. 의원들은 의자를 똑바로 하고 잡담을 그칠 뿐만 아니라 목까지 앞으로 쭉 내밀고 경청을 하는 것이다.

마지막으로 대정부질문을 둘러싼 제도 및 관행상의 문제다. 국회법을 보면 행정부의 답변 준비를 위해서 의원은 48시간 이전에 질문요지서를 관계국무위원에게 통보하도록 되어 있다. 그리고 거기에서 벗어나는 질문에 대해서는 답변하지 않아도 되도록 하고 있다. 그러나 통상적으로 48시간 이전에 질문 요지가 확정되는 의원은 거의 없다. 질문 요지서는 국회에서 정부로 형식적으로 보내는, 그야말로 요식 행위일 뿐이다. 따라서 대정부질문 기간중에 행정부, 특히 총리실은 의원들의 질문서를 사전에 입수하기 위하여 혈안이 된다. 그리고 실제로 몇몇 의원을 제외하고는 대개 질문서를 사전에 내어 준다. 이리하여 행정부 공무원들은 밤을 새워 답변을 마련하고, 총리를 비롯한 관계국무위원들은 내용을 제대로 검토하지도 못한 채 답변서를 읽어내려 가는 것이다. 솔직한 말로 답변자들의 수준이 질문자들의 수준보다 월등하게 높은 것은 사실이지만, 워낙 사전에 검토할 시간이 없기 때문에 부하들이 써준 원고를 그대로 읽을 수밖에 없게 된다. 이러니 질문하는 의원이나 답변하는 국무의원이나 대부분 아랫사람들이 써준 원고를 대신 읽어주는 형국이 된다. 현장에서 질문하고 현장에서 답변을 하지 않는 것이라면 서면질문 및 서면답변과 무슨 차이가 있겠는가. TV에 나온다는 것 말고는. 만약 국회에서 일괄질문 및 일괄답변의 관행 대신에 일문일답이 제도화된다면, 그리고 그것이 항상 온 국민에게 공개된다면, 쌍방이, 특히 행정부 쪽이 피곤하긴 하겠지만, 국무위원이나 국회의원의 수준은 훨씬 높아질 것이 확실하다. 왜냐하면 그렇게 될 경우 엉터리 의원들이나 엉터리 장관들이 온 국민 앞에 백일하에 드러날 것이기 때문이다.

엉터리 의원 얘기가 나와서 사족을 붙이자면, 모 단체나 연구기관에서 수행하는 국회의원들의 의정활동 평가가 공무원들의 입장에서는 받아들이기가 힘든 면이 많다는 것이다. 보통 이들이 매기는 기준은 형식적이고 양적인 면에 치우쳐 있다. 이를테면 출석 성적이나 질문 횟수 등이 주요 기준이 될 것이다. 따라서 질적인 평가가 어렵게 되어 있다. 그리하여 공무원들이 보기에는 순 엉터리인데도 의정활동 1위로 평가되는 경우가 꽤 자주 나온다. 되지도 않는 얘기를 침을 튀어가며 자주 한다고 해서 훌륭한 의원이라고 꼽아준다면 어느 공무원이 납득하겠는가.

서문에서도 잠깐 언급했지만, 이런 의원들이 국정감사나 상임위원회에서 단골로 써먹는 메뉴 중의 하나가 '정부의 유명무실한 위원회를 없애라'는 주장이다. 매년 되풀이되는 주장인데도 언론도 매년 빠짐없이 훌륭한 지적을 했다고 칭찬한다. 이런 현상은 국회의원이나 언론을 포함해서 우리 사회 모두가 가지고 있는 고질병인 '참을 수 없는 생각의 가벼움' 때문에 나타난다고 보여 진다. 얼핏 보기에는 그럴듯하지만 전혀 그렇지 않은 일 중의 하나다. 정부에는 무슨 무슨 위원회가 정말 많다. 특히 국무총리 산하에 많다. 하지만 수도권정비심의위원회니, 제주도개발특별위원회니 하는 위원회들은 공정거래위원회나 청소년보호위원회와 같은 행정기관이 아니라 그냥 회의체일 뿐이다. 이런 위원회들은 사무실이 따로 있는 것도 아니고 직원들이 따로 있는 것도 아니다. 예산이 들어가는 게 아니라는 것이다. 쉽게 말해 그냥 도표만 그려져 있는 위원회라는 것이다. 필요하면 그냥 회의만 열면 된다. 물론 회의마저 안 한 채 유명무실하게 존속해 있는 위원회가 다수다. 하지만 그래도 존속해야 할 이유가 있다. 행정이 보다 복잡다기해지면서 어느 일이 어느 한 부처 일로 끝나는 경우가 드물다. 여러 부처의 이해관계가 얽혀 있기 마련이다. 그러다 보니 자꾸 위원회를 만들게 되는 것이다. 위원회가 늘어나는 또 다른 이유가 있다. 부처 간에도 힘의 서열이 있기 때문이다. 이 책의 앞에서도 말한 바 있지만, 우리나라는 국정의 우선순위가 경제 일변도로 왔기 때문에 경제부처가 힘이 세고 복지나 문화 분야 기관은 힘이 약하다. 힘이 약한 부처가 무슨 일을 하려는데 경제부처의 반대로 추진이 안 되는 경우가 허다하다. 이럴 때 이들 부처는 통상적으로 국무총리를 위원장으로 한 위원회를 만들어 일을 해결하려고 한다. 쉽게 말해서 국무총리를 끌어들여 지원을 받겠다는 것이다. 물론 그래도 잘 안 되는 경우가 대부분이지만 그렇게라도 해보려 한다. 위원회가 늘어나는 데는 이런 이유가 깔려 있다. 사실이 이러한데도 그저 위원회를 줄여야 한다고만 호통을 쳐야 할까. '모르면 용감하다'는 말도 물론 있지만, 앞으로는 위원회를 줄여야 한다고 주장하는 엉터리 국회의원이 다시는 안 나오기를 바랄 뿐이다.

워싱턴에서 여의도를 생각하다

이글은 필자가 해외출장을 다녀와서 출장 보고서와는 별도로 기행문 형식으로 제출한 글의 일부를 발췌한 것이다.

워싱턴을 방문한 한국사람들이 첫 번째로 가고 싶어하는 곳이 백악관이다. 세계 최강국의 최고 통치자가 있는 곳, 그 백악관을 둘러보노라면 결코 크지도 화려하지도 않은 모습에 우리의 고정관념이 깨지게 된다. 백악관은 생각보다 작고, 경비가 너무 허술하며, 대통령 집무실이 완전히 관광지가 되어 있었다.

백악관은 예쁘긴 하지만, 그 상징적인 비중에 비해서 물리적인 규모는 상당히 왜소한 편이다. 그리고 시내 한복판 길가에 위치해 있어 우리의 관점에서는 불안하기 짝이 없다. 백악관 바로 앞뒤 길로 일반

차량이 자유롭게 통행했었는데, 작년의 몇 차례 사고 후 뒷길은 막아버렸다. 아쉬운 일이다. 한국에서 손님이 오면 뒷길에 잠시 차를 세워두고 안이 훤히 보이는 철망 앞에서 사진을 찍곤 했으며, 운이 좋을 때는 대통령이 손을 흔들며 지나가는 모습도 볼 수 있었다. 재미있는 점은 백악관 바로 뒤에 있는 아담한 규모의 라파이에트공원이 수도 워싱턴에 사는 거지들의 집합소라는 사실이다. 해가 중천인데도 담요를 둘러쓴 채 아직도 곤한 잠에 빠져 있는 거지들을 흔히 볼 수 있는 곳이 바로 이곳이다. 우리는 백악관 주위에서 경호원 비슷한 사람을 단 한 사람도 발견할 수 없다. 누군가의 얘기에 의하면 일반 행인이나 관광객을 가장하여 왔다 갔다 한다는데, 그 얘기를 듣고 유심히 살펴봐도 경호원인 듯한, 그럴싸한 사람을 찾아보기 어려웠다.

백악관은 주말을 제외하고 매일 열 시부터 오전에만 일반에 공개된다. '공개'라고 하면 경내를 거닐겠거니 정도로 생각하게 되지만 그 이상이다. 실제로 내부를 둘러보게 한다. 입장권은 매일 아침 8시에 백악관 앞에서 내주는데, 무료이고 성수기에는 한두 시간 전부터 미리 줄을 서야 한다. 입장권은 1인 1매씩 주지 않고, 차례가 되면 가족이 몇 명이냐고 묻는다. 나는 혹시나 하다가 '에라' 하면서 "7명!" 하고 대답했는데 두말없이 7장을 건네받았다. 누가 뭐래도 선진국은 '믿는' 사회다. 우리나라가 선진국인가 하면 그런 점에서는 절대 못 미친다.

워싱턴에 있는 한국여행사는 백악관 투어에 80달러를 받는다. 미리 줄 선 값이 80달러인 셈이다. '너무 했다'고 하겠지만 필요에 의해서든 몰라서든 수요가 있으니까 가격이 형성되는 것이다. 이것이 바로 자본주의다. 자본주의 사회에서는 '암표'라는 개념이 존재할 수 없다. 미리 줄 서서 산표니까 그 값을 내야 하는 것이다. 이제 세계 어느 나라 다 그리되었지만, 우리나라는 특히 자본주의적 요소와 사회주의적 요소가 두루 혼재하고 있는 나라다. "자본주의 국가인 우리나라가 어쩌고……"하며 얘기할 때는 신중해야 한다. 앞뒤가 안 맞을 때가 많기 때문이다. 좀 엉뚱한 얘기지만 동창들끼리 만나 회식비용 등을 십시일반으로 갹출하는 것은 사회주의적 방식이다. 월급은 자본주의식을 받으면서 회비는 사회주의식으로 내는 것이다. 공무원들은 특히 이 점을 주장해야 하지 않을까.

백악관 얘기가 길어졌는데 미국의 국회의사당이 오히려 우리의 주요 목적지여야 한다. 우리가 첫 번째로 '가고 싶어 하는' 곳이 백악관일 수 있지만, '반드시 가야 할' 곳은 국회의사당이라는 것이 내 생각이다. 백악관은 '관광지'이지만 국회는 '생생한 현장'이다. 물론 국회의사당 역시 아름답기 짝이 없는 건축물이지만, 사진을 통해서도 많이 보았을 테니 이에 대한 설명은 생략하기로 하자.

스미소니언 몰을 바라볼 때, 상원은 오른편, 하원은 왼편에 위치해 있다. 상·하원은 분위기가 매우 다르다. 아무래도 머리가 희끗희끗한 노신사들이 많은 상원은 뭔가 귀족적이고 무게가 느껴진다. 상원회의장에는 그야말로 고색창연한 책걸상이 개개 의원별로 놓여 있다. 그것을 보면 그야말로 '전통과 권위가 손때로 묻어 이어지고 있구나' 하는 느낌이 절로 든다. 상원에 비해 하원은 다소 젊고 자유분방한 분위기이다. 개별 책걸상이 없이 예배당에서 볼 수 있는 긴 의자에 앉아 있다가 회의 중에도 이 자리 저 자리를 자유롭게 오간다.

때마침 우리가 갔을 때는 상하 양원이 모두 열려 정보통신법 개정안을 다루고 있었다. 정보통신 서비스의 역사를 바꾸는 획기적인 법안이니만큼 각 언론사뿐만 아니라 전국 아니 전세계의 이목이 미 국회에 집중되고 있는 시점이었다. 다소 의외였던 것은 이런 내외의 관심에도 불구하고 정작 회의장은 무척 썰렁했다. 상하원 공히 몇몇 의원들만 남아서 토론을 벌이고 있었는데, 물론 토론의 분위기만은 무척 진지했다. 이곳을 찾을 때마다 나는 어쩔 수 없이 우리 국회와 비교하는 일에 열중하게 되는데, 미 국회와 우리 국회가 다른 점은 바로 '토론'이었다. 사실 국회는 한마디로 '국사를 놓고 토론을 벌이는 곳' 아닌가. 그런데 우리 국회, 적어도 내가 십수 년 동안 보아온 국회는 진정한 의미에서 토론의 장이라고 할 수 없는 곳이었다.

물론 권위주의적 군부 통치하에서는 자유로운 토론 자체가 사실상 제한적일 수밖에 없기도 했을 것이다. 그러나 이렇게 정치적인 요소를 떠나서 우리 국회는 진정한 토론의 장이 되기에는 아직도 여러 가지 면에서 수준 미달이라고 생각한다. 이미 알려진 사실이지만 무엇보다도 국회의원들의 자질이 문제이다. 어떤 주제를 가지고 토론을 하기에 필요한 지식과 논리와 언변을 갖추고 있는 의원은 극히 드물다. 또 토론에 참여하기 위해서 필요한 공부를 제대로 하는 의원도 극소수이다. 한마디로 말해서 소위 민주시민의 기본적인 소양을 가진 국회의원은 손으로 꼽을 수 있을 정도라는 것이 엄연히 우리 국회의 현주소이다. 낯 뜨거운 얘기지만 선거가 끝나고 국회의원들이 선출되면 의정연수원 같은 곳에서 이들에 대해 기본적인 소양 교육을 실시했으면 어떨까 하는 생각까지 해본 적이 있다.

두 번째로 토론 문화이다. 우리에게는 토론은 고사하고 '말하는' 문화·환경이 극히 열악하다. 침묵이 금이다. 어른이 얘기하는데 아랫것이! 지금 말대꾸하는 거야? 말 많으면 공산당, 윗사람 의중에 반하는 얘기를 하다가는 나만 손해, 가만있으면 중간은 가는데… 등등. 수업 끝날 때 선생님께서 "질문 있어요?"하는데 "네" 하고 대답하면 모두 다 눈을 부라린다. 아니 이런 건 차라리 낫다. 우리 국회에 가면 사정은 더하다. 자기 소속당의 총재를 비난하거나 당 방침과 반대되는 의견을 얘기하면 얘기를 꺼내자마자 악부터 쓴다. 무슨 얘긴지 다 들어보지도 않는다. 참으로 한심하기 짝이 없는 풍토다. 도대체 이게 무슨 짓들인지 국회에 가면 가장 '열 받는' 때가 이때다. 남의 얘기도 듣지 않는 사람들이 국회를 움직이는 나라에서 사는 나의 신세가 한심스러워지는 것이다.

정보통신법 개정안의 토론 장면을 보면서 새삼 느끼는 바이지만, 미국 국회의원들은 참으로 똑똑하고 말도 잘한다. 말하는 표정과 제스처도 매우 자연스럽다. 준비해온 원고를 띄어쓰기와 억양조절도 없이 읽어대는 우리 국회의원들의 촌스럽고 어색한 모습이 절로 비교된다.

언젠가 워싱턴 주재 한국대사관에 근무하던 친구가 이런 말을 한 적이 있다. "미국에서는 하급자들은 삼류지만 상급자들이 일류다. 반대로 우리는 상급자들은 삼류인데, 하급자들이 일류다."

실제로 미국은 은행을 가건, DMV(면허증교부소, 미국에서는 면허증이 우리의 주민등록증과 같으니 우리의 동사무소와 같은 곳이다)에 가건, 말단 직원들을 대하다 보면 참으로 멍청하고 한심하다는 생각이 들 때가 한두 번이 아니다. 반면 간부급으로 가면 실력들이 대단해진다. 박사학위 소지자가 흔하고 최소한 석사학위는 가져야 한다. 누가 보더라도 '저 사람 참 똑똑하구나' 하는 정도가 되어야 간부 자리를 지킨다. 그야말로 어디다 내놓아도 손색이 없을 정도가 되어야 고위직급으로 승진할 수가, 아니 남아 있을 수가 있는 것이다.

이윽고 표결시간이 되었다. 그러자 어디에 있었는지 그동안 보이지 않던 의원들이 여기저기서 나타나기 시작한다. 이것은 우리 국회에서도 익히 보던 풍경이다. 문득 회의장 한구석이 소란스러워져서 그쪽을 보니 하원의장인(speaker라 부름) 뉴트 깅리치Newt Gingrich가 한 떼의 의원들을 몰고 나타났다. 선입견이겠지만 깅리치의 강력한 리더십은 방청석에서도 느껴지는 듯했다. 캘리포니아 출신 김창준 의원이 어디 있나 열심히 찾아봤는데, 그날따라 그는 나타나지 않았다. 그의 지역구에 무슨 긴요한 행사가 있었나 보다.

표결과 관련해서 우리가 눈여겨볼 것이 있다. 미 의회는 전광판식 개표방식을 사용하고 있다. 의장석 위로 기자석이 있는데, 그쪽 벽은 평상시에는 그야말로 평범한 벽이다가 표결 때가 되면 전광판으로 바뀐다. 표결이 선포되면 의원들은 좌석 군데군데 설치되어 있는 기계에 자기의 전자식 카드를 넣고 필요한 버튼을 누른다. 그러면 의원 이름 옆에 찬반 표시등이 들어와 참석 여부와 함께 투표상황이 자동 집계되는 것이다. 물론 무기명 투표 때는 투표 결과만 집계되도록 되어 있다. 명패를 확인하느라 일일이 의원 이름을 불러대는 시간 낭비를 되풀이하는 우리 국회에서도 이런 방식을 채택해 봄직하다. 그러나 보다 중요한 것은 의원들의 투표 행태를 비롯하여 의회 내에서의 발언 등 모든 의정활동이 케이블로 방영됨과 동시에 기록으로 정리되어 일반인들에게 낱낱이 공개된다는 점이다. 그야말로 공개행정·감시행정이 철저하게 이루어질 수 있는 토양이다.

다음날 우리가 버지니아의 페어팩스 카운티Fairfax County(카운티는 주州 내의 한 행정구역인데, 우리 행정구역으로 치자면 군에 해당된다. 그러나 페어팩스는 인구가 90만으로 미국에서 가장 크고 부유한 카운티다. 카운티 청사 건물만 해도 우리의 종합청사 못지 않았다)를 방문했을 때도, 공개행정·감시행정 체제는 제2, 제3의 크로스 체크를 해가면서 정말 철두철미하게 이루어지고 있었다. 페어팩스 카운티에서는 총리실에서 파견된 최철국 과장이 연수를 받고 있는데, 참으로 유익한 연수라는 생각이 들었다. 미국의 민주주의를 주민행정의 현장에서 보고 익히고 있으니까 말이다.

작년 6·27 선거를 통해 우리도 지방자치를 본격적으로 시작했지만, 대부분의 자치단체장이 왕년의 시장·군수 경력자이며, 나머지도 '내 꼭 사또가 되어야지' 하는 의지와 일념으로 살아오다 그 꿈을 이룬 사람들이다. 그 밥에 그 나물이니 무엇이 얼마나 바뀔 수 있겠는가. 우리 일행 중의 최 과장 같은 사람들이 단체장으로 나가야 정말이지 무언가 신선한 바람이 일어나고, 그야말로 참다운 개혁이 이루어지지 않을까 하는 생각이 절실했다.

이른바 명문대 출신이면서도 훌륭한 인품의 소유자인 최철국 과장은 경남 김해 출신이다. 최 과장은 초등학교 때는 대통령이 꿈이었다가, 중·고교 때는 장관이 꿈이었고, 대학 때는 도지사로 수정했는데, 공무원을 시작하고는 김해시장이 되어 보려고 했지만 이제는 김해시장 후보라도 될 수 있을까 의문이라고 했다. 페어팩스 청사 내에 있는 호텔 레스토랑 비슷한 구내식당에서 커피를 마시며 그 말에 우리는 모두 웃고 말았다. 그러나 한편으로 나는 공연히 울화가 치밀어 올랐다. 이런 훌륭한 선수는 이렇게 썩혀두고, 전과자, 학력 변조자, 돌격대, 맹목적인 권력병자들이 득실거리는 우리네 정치풍토에 대해서…….

제2장

공무원은 죽어도 공무원이다

공무원은
멋도 못 부려?

갈색 캐주얼화와 진 바지에 멜빵, 흰색 재킷, 빨간 뿔테안경……. "점심시간마다 청사에서 수백 명씩 쏟아져 나오는 행렬을 본 적 있습니까? 검은색이나 재색 바지에 흰색 와이셔츠와 넥타이……. 공무원인 내가 보기에도 너무 '공무원' 같습니다."

윗글은 1996년 5월 26일 자 조선일보 사회면 톱기사의 내용 중 일부이다. 이 기사가 나가자 많은 격려 전화를 받았다. 조선일보 사회부도 신선한 기사라고 많은 칭찬을 받았다고 한다. 공무원 정장 파괴라는 기사 제목이 마치 우리나라 공무원 사회의 경직된 문화가 깨지기 시작한 듯한 느낌을 준다. 공무원에 대해서 부정적인 인식을 가진 사람들에게 '이 사람들이 이제 좀 바뀌려나?' 하는 기대감을 불어넣어 준 기사라고 할 수 있다. 그러나 한편으로는 무척 우스꽝스러운 기사가 아닐 수 없다. 이런 것이 기사가 되는 나라가 대한민국임을 확인하

조선일보 西紀 1996年 5月 26日 日曜日 (陰曆 丙子 4月 10日 癸亥)

멜빵-노타이-빨간테안경…

공무원 "정장 파괴"

종합청사 鄭斗彦과장 「주말패션」

총무처 「간소복 권고」후 신선한 변화

갈색 캐주얼화와 진바지에 멜빵, 흰색 재킷, 빨간 빨테안경。 국무총리 정무비서실 鄭斗彦 과장(39·서기관)의 토요일 출근 복장은 항상 이런 식이다。 서울 세종로 정부종합청사에서 가장 과감한 패션감각을 자랑한다。

『글로벌 시대의 최고 무기는 유연성입니다。 자유로운 복장에서 창조적인 사고가 탄생하죠。』 鄭과장의 철학은 확고하다。 『점심시간마다 청사에서 수백명씩 쏟아져 나오는 행렬을 본 적 있습니까? 검은색이나 재색 바지에 흰색 와이셔츠와 넥타이 …。 공무원인 내가 보기에도 너무 「공무원」 같습니다。』

그러나 최근들어 일부지만 무스를 바른 헤어스타일이 등장하고 「김건모 바지」를 입는 공무원도 나타났다。 그때부터 鄭과장의 옷장 안에서도 흰색 와이셔츠가 모조리 사라졌다。 대신 검은색, 핑크색이 그 자리를 채웠다。

그는 이른바 「KS마크」다。 경기고등학교와 서울대 상대를 나왔다。 그러면서도 워낙 「정해진 틀」을 싫어해 70년대 초 고교시절에 이미 그룹사운드 리드보컬을 맡아 대학때까지 계속했다。

같은 사무실에 근무하는 朴煥斗씨(32)는 『鄭과장이 상사로서 언성을 높이는 일이 거의 없으며 얘기가 잘 통한다。 과감한 옷차림만큼 일처리도 과감하다』고 했다。 한 상사 공무원은 『자유분방하지만 예의를 갖출 줄 안다』고 했다。

「공무원 토요 격주 휴무제」 아이디어는 鄭과장과 같은 파격을 소화할 수 있는 정무비서실의 「너그러운」 분위기에서 나왔다。 요즘은 공무원 해외여행과 연수기회를 여직원들에게까지 확대하기 위해 노력중이다。 鄭과장은 지난 봄학기부터 국민대 행정학과에서 「행정 쇄신」을 강의하고 있다。 『공무원은 서비스업입니다。 간편한 옷을 입을 수 있는 「사고의 자유로움」이 있어야 서비스도 열심히 할 수 있는 겁니다。』

<鄭在娟기자>

◇세종로 정부종합청사의 「최고 멋쟁이」 鄭斗彦 국무총리 정무비서실 과장이 동료들과 대화를 나누고 있다. <李德熏기자>

는 셈이기 때문이다. 만약 미국인이 이 기사를 읽는다면 무슨 생각이 들까? "오 마이 갓"이라고 하지는 않을까.

기사에도 나오는 얘기지만 점심시간에 정부종합청사 후문 앞에 한번 서 있어 보라. 먹고 살겠다고 꾸역꾸역 밀려 나오는 인간의 군상들이 그야말로 장관壯觀이다. 그러나 자세히 들여다보면 이 장관이 가관可觀으로 바뀐다. 옷차림과 표정이 한결같기 때문이다. 한결같이 공무원 같은 차림과 공무원 같은 표정들이다. '공무원 같은'이라는 관형어구가 사전에는 없지만 그게 무엇을 뜻하는지에 대해서는 우리 사회에서 대체로 암묵적인 합의가 이루어져 있는 듯하다. 무언가 고리타분하고, 답답하고, 융통성 없고, 꽉 막힌 듯한 느낌을 합해 놓은 것이라고나 할까. 그런 느낌이 옷차림과 표정에서 그대로 드러난다는 것이다. 공무원은 왜 그래야만 하는가. 공무원은 과연 다 그런가.

물론 다 그렇지는 않지만 공무원들 대개가 그렇다는 것이 그 사회에서 몸담았던 한 사람으로서의 증언이다. 그런 부정적 이미지가 어디에서 연유했든 간에(우리나라에서 특히 교조적으로 왜곡된 유교 문화의 이중성에서 나온 것인지 혹은 식민지시대 동안 심어진 일본 군국주의의 잔재인지 혹은 군부독재시대가 남겨준 군사 문화의 영향에서인지 혹은 변방국가의 후진적 촌스러움 때문인지 아니면 이 모든 것이 복합적으로 작용해서인지 몰라도) 그러한 이미지가 실체적 현실로 존재한다는 사실만큼은 인정하지 않을 수 없다.

그런데 여기서 한 가지 이상한 것은 공무원 자신들이나 일반시민들이 으레 공무원은 그래야 한다는 생각을 가지고 있다는 점이다. 그 결과 가령 어느 공무원이 유연하거나 시원시원하거나 진보적으로 행동을 하면 내부적으로나 외부적으로나 뭔가 불안하게만 느껴지는 '튀는 자'로 취급받게 된다.

실제로 나 자신도 기업에 있는 친구들로부터 옷차림에 대한 걱정을 많이 들어보았다. "그렇게 입고 다녀도 돼?"라며 공무원답지 않다고 걱정하는 것이다. 그러니 튀어나온 나온 못이 먼저 정 맞는다고 공연히 주의의 눈총을 받는 일을 가급적 삼가게 된다. 그리하여 공무원들은 대개가 가급적 튀지 않는 무난한 색상과 모양의 옷만 찾고 만다.

단추 세 개짜리 양복이 나온 지가 언젠데 공무원들은 아직도 그것을 입은 사람보고 멋쟁이라고 한다. 연예인들로부터 시작해서 이제는 앞집 뒷집 모두가 입고 다녀야 그때서야 안심하고 나도 입는다. 색깔 있는 와이셔츠를 입으면 큰일 나는 줄 아는 사람들이 아직도 수두룩하다. 높은 사람이 되려면 가급적 콤비 양복을 삼가라는 충고가 오가는 곳이 공무원 사회다. 무게가 안 나간다는 것이다. 종합청사에 근무하다 보면 외무부 직원들은 금방 눈에 띈다. 무언가 옷차림이 다르기 때문이다. 가을이 되면 외무부 직원들이 제일 먼저 트렌치코트를 입고 다닌다. 보통 공무원들은 이 옷을 입고 다니는 사람이 거리에 많아지고 나서야 안심하고 꺼내 입는다. 몹시 추운 겨울에도 공무원들은 점심때면 외투도 걸치지 않은 채 잔뜩 웅크린 꼴로 밖을 나선다. 다른 이유는 없다. 다들 그러고 나가기 때문이다. 외무부 직원들만 코트에 목도리를 두르고 나간다. 정말 희한한 풍경이 아닐 수 없다. 옷 입는 데도 남의 눈치 보는 나라가 우리나라다. 이제 일반 사회는 그 정도는 아닌데, 공무원 사회는 아직도 그러고 있는 것이다.

앞에서 언급했듯이 융통성이 없는 공무원 사회가 아직도 쉽게 바뀌지 못하고 있는 중요한 이유 중의 하나가 '공무원은 그래야 한다'는 관념적 타성이다. 이런 타성이 공무원들로 하여금 무난한 옷만 입게 만들고 무난한 행정만 하게 만드는 것이다. 이제는 "공무원이 그러고 다녀도 돼?"라는 따위의 구태의연한 발언은 더 이상 꺼내지 않도록 하자. 그리하여 종합청사 최고 멋쟁이니 뭐니 하는 식의 그야말로 촌스러운 기사가 신선한 기사가 되는 우스꽝스러운 일이 되풀이 되지 않았으면 좋겠다. '패션이 바뀌면 생각이 바뀐다'를 의류 회사의 광고 문구라고만 생각해서는 안 된다. 공무원들이 자기 마음대로 멋을 부릴 수 있는 사고의 자유로움이 있을 때에야 비로소 유연하고 창조적인 행정이 나올 수 있는 것이다.

공무원은 적이 아니다

"세상에! 자기가 부려 먹을 사람들을, 실제로 일을 할 사람들을 적으로 돌려놓고 무슨 일을 얼마나 잘하겠다는 것인가. 회사가 인수 합병되어서 경영진이 바뀌었는데, 그 경영진이 과거의 임직원들을 모두 도둑놈으로 치부해버린다면 그 회사 꼴이 어떻게 되겠는가."

행정부 내에서 공무원의 위상은 문민정부 이전과 이후를 경계로 큰 차이를 보인다. 그전까지는 공무원이 행정부의 주인이었으나 그 후로는 손님의 위치로 전락하게 된 것이다. 이는 박정희정권부터 노태우정권까지 일심동체로 움직여 온 정부와 여당의 밀월관계가 그 후로 깨졌음을 의미한다. 사실 노태우정권 이전까지 집권 세력은 정권 교체가 이루어질 수 있다는 것은 상상도 하지 못한 채 정권이 세세연년 유지될 것으로 생각했었다. 따라서 집권 세력의 쌍두마차인 정부와 여당은 일심동체라는 말이 어울릴 만큼 긴밀한 인적·정서적 관계를 맺고 있었다. 그러다가 문민정부가 들어서면서 여당의 주류가 바뀌게 되자 정부와 여당 사이의 관계는 과거와 크게 달라질 수밖에 없었다. 실제로 여당의 주류로 자리하게 된 소위 민주화 세력은 과거 정부와 여당의 밀월관계를 청산해버렸다. 당시 청와대와 행정부의 요직을 장악한 상도동계는 정부 내 관료집단을 군사독재정권의 주구走狗라며 아예 적대시해버린 것이다. 나는 이것이 문민정부가 실패한 가장 중요한 이유 중의 하나라고 감히 단언한다.

어쩌면 그렇게 어리석고 무모한 일이 있을 수 있는가. 세상에! 자기가 부려 먹을 사람들을, 실제로 일을 할 사람들을 적으로 돌려놓고 무슨 일을 얼마나 잘하겠다는 것인가. 회사가 인수 합병되어서 경영진이 바뀌었는데, 그 경영진이 과거의 임직원들을 모두 도둑놈으로 치부해버린다면 그 회사 꼴이 어떻게 되겠는가. 이렇게 너무도 당연한 일을 망각해 버린 것이다. 정권을 잡았다는 우쭐함과 기고만장함에 사리분별을 제대로 못 한 것이다. 더구나 경험이라고는 정치투쟁과 학생운동과 교수 및 연구활동밖에 없는 사람들이 관료 사회를 무시 내지 경시하면서 국정을 운영하려 했으니 '무식하면 용감하다'는 말을 떠올리지 않을 수 없다. 김현철이 국정을 농단한 것도 다 이런 맥락에서 이루어진 것이라고 보여진다.

문민정부가 출범하자마자 관료집단은 정책결정 과정에서 철저히 배제되기 시작한다. 지금까지 정부정책은 관료조직이 입안해 준 내용을 정부의 상층부에서 결정해주고, 그것은 다시 관료조직에 의해서 집행이 되는 식으로 이루어져 왔다. 그런데 문민정부 와서 관료조직은 어디서 어떻게 결정된 지도 모르는 정책을 그 영문과 배경도 모르는 채 집행하게 되는 경우가 많았다. 그러니 현실성이 떨어진 엉뚱한 정책도 많았고, 설령 적절한 정책이었다 하더라도 관료조직의 공감대를 형성하지 못하고 집행이 되다 보니 모든 일에 열과 성을 다하지 않고 진행되기 일쑤였다. 더군다나 지속적인 사정司正 운운하면서 관료 사회를 부패의 온상으로 몰고 가니 관료조직에는 하는 시늉만 하는 현상이 점차 심해질 수밖에 없었다. '당신들끼리 다 해먹어라'는 의식이 점점 팽배해져 간 것이다. 복지부동이니 복지안동이니 하는 말이 널리 유행어가 된 것도 바로 이 무렵이었다.

부정부패 얘기가 나왔으니 한마디 더 하고 가자. 우리나라에서 가장 심각한 사회 문제라고 할 부정부패 문제는 왜 관료 사회를 두고서만 거론되는지 모르겠다. 다시 말해서 공무원의 부정부패만 가지고 떠들지 사기업의 부정부패는 왜 문제를 삼지 않는지 알 수 없다는 것이다. 사실 관료 사회의 부조리는 재계의 부조리에 비하면 새 발의 피라는 것은 웬만한 사람이면 다 아는 사실이다. 물론 도덕성의 기준이 달라야 한다는 점을 여기서 부정하는 것은 아니다. 다만 공직자들의 부정부패 때문에 공공부문을 민영화해야 한다는 주장은 말이 안 되는 주장이라 하지 않을 수 없다. 현재의 사기업들이 공공기업을 떠맡아 과연 투명하고 정직하게 운영할 수 있을까. 고양이에게 생선을 맡길 수 없다고 하이에나에게 생선을 맡기는 꼴이 되기 십상이라고 우려를 하지 않을 수 없다.

내가 관료 출신이라서 하는 이야기는 절대 아니다. 우리 사회에서는 국정수행자로서 관료집단보다 더 전문적이고 합리적인 집단은 없다는 것이 나의 신념이다. 한번 생각해보자. 그동안 우리는 군부, 정계, 언론계, 학계, 재계 인사들이 정부에 들어와 국정의 일익을 담당하는 모습을 보아왔다. 저돌성을 앞세운 군부는 반인권적이고 경직된 군사 문화를 이 땅에 뿌려 놓았다. 평생 정치를 업으로 삼는 정치권 인사들은 독재 세력과 민주화 세력을 불문하고 늘 부정부패 등 도덕성 시비를 불러일으켰다고 할 수 있다(문민정부와 국민의 정부를 겪은 지금 민주화 세력이 도덕성을 가지고 있다고 생각하는 사람은 거의 없어졌다 해도 과언은 아니다). 학계와 언론계 출신들은 현실적 업무 집행력에서 대체로 문제를 드러내곤 했다. 우리나라의 경우 재계 출신만은 아직 그 예가 적어서 무어라 평가하기가 곤란한 것 같다. 여기에 비해서 관료들은 오래된 행정 경험에서 길러진 전문성과 아울러 항상 다양한 이해관계 속에서 일을 하면서 얻은 합리성이 몸에 배어 있다고 할 수 있다. 따라서 이렇게 우리 사회 내에서 아직은 어떤 집단보다 더 전문적이며, 국정을 합리적으로 수행할 능력을 가진 세력을 무기력하게 만든 것은 엄청난 국가적 손실이 아닌가.

관료를 영어로 테크노크라트technocrat라고 하는 데서 알 수 있듯이 행정 관료는 국정을 집행 관리하는 기술자집단이라고 할 수 있다. 일단 국가정책이 결정되면 그것이 옳든 그르든 그것을 효율적으로 집행하고 관리해야 할 의무와 책임이 있다. 대통령이 혹은 장관이 결정해서 지시한 내용이 그르다며 관료들이 시행하지 않는다면 어떻게 되겠는가. 어떤 지시나 명령이든 법적으로 명백히 하자가 없는 한 시행해야 하는 것이다.

이것은 명령에 대한 복종, 불복종의 문제가 아니다. 이미 결정된 정책을 시행할 것인가 여부를 관료들이 직접 판단해서 일을 한다면 그것이 바로 '콩가루 정부' 아닌가. 물론 정책결정 과정에서 올바른 결정이 내려지도록 고심 어린 연구 검토와 진언도 해야 하지만, 이미 결정된 사항에 대해서는 효율적인 집행을 추구해야 마땅한 일이다. 단군 이래 최대의 경제난이라고 하는 외환위기IMF 사태를 몰고 온 책임이 누구에게 있는가. 엄청난 액수의 공적자금이 투입된 금융구조조정이 실패로 끝난 데 대한 책임이 어디에 있는가. 위기를 눈앞에 놓고 앞으로 벌어질 상황에 대해 속앓이를 하다가 스스로의 무기력함에 가슴이 시커멓게 타버린 사람들이 경제 관료들이라고 나는 자신있게 증언할 수 있다. 정권 재창출과 정경유착에만 눈이 먼 정치권의 매국적 정치놀음을 관료 사회가 당해낼 재간은 없다. 이유는 간단하다. 목줄을 쥐고 있기 때문이다.

국민의 정부 역시 관료 사회를 적대시하기는 마찬가지였다고 생각한다. 제15대 대통령 선거가 끝나고 설치된 정권 인수위를 장악한 당시 민주당 인사들의 서슬 푸른 기세를 나는 지금도 잊을 수 없다. 행정관료들을 외환위기IMF 사태를 초래한, 나라를 망친 자들이라고 하면서 완전히 범죄자집단으로 치부하는 분위기였다. 나는 그때 이미 국민의 정부의 앞날을 예측할 수 있었다. 이 정부도 잘되기는 글렀구나 하는 탄식이 절로 나왔다. 이미 그때부터 특정지역 출신이 아닌 공무원들 대다수는 '어떻게든 이 정부 5년을 무사히 보내자'는 각오들을 단단히 했을 것이다. 그러니 무슨 일이 제대로 되겠는가. 더군다나 그 후로 정부 내 모든 부처의 요직은 대부분 특정지역 출신들로 교체되었다. 과거의 잘못을 바로잡은 것이 아니라 과거의 잘못을 되풀이한 것이다. 이러니 국민의 정부는 민심의 이반 이전에 공직 사회의 이반부터 초래한 것이나 다름이 없다.

이제 결론을 내려보자. 행정 관료들은 기술자들이다. 기술자를 잘 부려야 공장이 돌아가듯이 행정 관료를 잘 부려야 행정부가 잘 돌아가는 것이다. 이들을 죄인시하고 무시하고 경시하고 국가를 잘 경영하겠다? 참으로 멍청한 일이 아닐 수 없다.

공무원은 기자들의 밥인가

공무원들은 기자들에게 밥이다. 꼼짝 못한다는 얘기다. 무슨 이유에서인지 공무원들은 기자만 만나면 마음에도 없는 웃음을 지으며 비굴한 표정을 보인다. 그러고는 한참 나이가 어린 기자에게도 반말을 허용하며 재미있다는 듯이 얘기를 나눈다. 그러고는 헤어지면서 반드시 한마디 건넨다. "조만간 한번 모시겠습니다."

경찰관과 세무서 직원과 기자 셋이 술을 마시러 갔다. 다 마시고 나올 때 누가 술값을 낼까? 경찰관? 세무서 직원? 기자? 다 아니다. 정답은 술집 주인이다. 난센스 퀴즈이긴 하나 현실과 전혀 거리가 먼 얘기는 아니다. 그럼 만약에 술집 주인이 안 내면 누가 낼까? 글쎄……. 하지만 확실한 건 기자는 아니다.

이번엔 실제 사례다. 언젠가 국가정보원에 있는 친구가 음주운전을 하다가 걸렸다. 이 친구가 여느 때처럼 신분증을 내보이며 봐 달라고 했건만, 단속 경찰관은 요지부동으로 측정에 응하라고 했다. 융통성 없는 경찰관한테 된통 걸린 것이다. 이 친구가 내곡동 운운하며 계속 측정을 거부하자 그 경찰관이 옆의 부하들에게 이렇게 소리를 질렀단다. "야, 기자 불러!" 이것은 아무리 권력기관이라 해도 기자한테는 명함도 못 내민다는 것을 보여주는 일화다.

이제 이렇게 정리해 보자. 생태계에 먹이사슬이 있다면 인간 사회에도 먹이사슬이 있다. 즉, 인간 사회에도 천적들이 있다. 수많은 먹이를 거느리고 있는, 먹이사슬의 상층부에 있는 공무원들에게도 천적이 있다면 누구일까. 그게 바로 기자라는 것이다.

공무원들은 기자들에게 밥이다. 꼼짝 못한다는 얘기다. 무슨 이유에서인지 공무원들은 기자만 만나면 마음에도 없는 웃음을 지으며 비굴한 표정을 보인다. 그러고는 나이가 한참 어린 기자에게도 반말을 허용하며 재미있다는 듯이 얘기를 나눈다. 그러고는 헤어지면서 반드시 한마디 걸친다. "조만간 한번 모시겠습니다." 물론 요즈음에는 이러한 분위기가 많이 바뀌긴 했지만, 공무원이 기자를 상전 대하듯 하는 모습은 크게 바뀌지 않은 것 같다. 여기에는 여러 가지 이유가 있겠지만 가장 분명한 이유는 자기 윗사람이 그렇게 하기 때문이다. 그리고 그 윗사람은 그 윗사람이 그렇기 때문이다. 그리하여 최종적으로는 제일 높은 사람이 그렇기 때문이다. 그러면 그 윗사람들은 왜 그러한가. 한마디로 언론이 그들의 생사여탈권의 일부를 쥐고 있기 때문이다.

다 알다시피 우리나라 장관들의 목숨은 파리목숨이다. 얼마 전 개

각 때 교육부 장관이 2년 사이에 5번이나 바뀌었다며 화제가 된 적이 있었다. 장관뿐 아니라 국무총리도 평균 재임 기간이 일 년이 못된다. 그런데 총리와 장관이 갈릴 때 가장 큰 역할을 하는 것이 언론이다. 언론에 밉보이거나 '찍히면' 오래가지 못한다. 언론이 작정하고 달려들면 살아남지 못하는 것이다. 앞에서 언급한 교육부 장관 중 송자, 김덕중, 문용린씨 등도 언론의 집중포화를 맞고 나간 경우라 할 수 있겠다.

언론에 민감하기는 국민의 정부보다는 문민정부 때가 훨씬 심했던 것 같다. 그것은 대통령의 언론에 대한 태도 때문이다. 즉, 당시의 대통령이 정보와 지식을 얻는 데 가장 크게 의존하는 수단은 언론이었다는 것이다. 사실인지 아닌지 모르겠으나 그때는 대통령에게 보고서를 올릴 때 3쪽이 넘어가면 대통령이 짜증을 낸다는 얘기도 있었다. 어렵고 딱딱한 보고서보다는 신문이나 방송을 즐겨 보시기 때문이다. 그 무렵만 해도 석간신문이 주류를 이룰 때였는데, 점심 후에 석간기사를 보고 난 대통령이 해당 수석이나 장관을 찾아 수시로 "이게 뭐꼬?" 했다고 알려져 있다. 이렇게 되니 수석이나 장관들은 신문 노이로제에 걸릴 수밖에 없다. 그리고 그 여파는 전 행정기관의 말단 구석구석에까지 미치게 된다. 이 와중에 기자들만 살판나게 된다. 왜냐? 모든 공무원들이 기자만 보면 전전긍긍하니까.

언론은 제4부라는 말이 있다. 언론이 입법부, 행정부, 사법부와 함께 국가의 한 축으로서 기능하고 있다는 뜻이다. 언론의 공익성과 중요성을 강조하기 위해 사용하는 말이다. 또 한편으로는 언론의 책임성을 말해주는 용어이기도 하다. 우리나라 언론 역시 제4부라고 할 수 있지만 우리나라에서는 그 의미가 좀 다르다. 다시 말해서 국가 '기능'의 한 축이 아니라 국가 '권력'의 한 축으로서 제4부라는 것이다. 더구나 국회, 정부, 법원은 어느 정도 서로 견제와 균형의 관계에 있는데 반해 언론을 실효성 있게 견제하는 기관은 없는 실정이다. 세상살이가 모두 먹이사슬 관계로 연결되어 있는데 유독 언론만이 천적을 가지고 있지 않다는 얘기다. 그만큼 우리 언론의 파워는 막강하다. 그 이유는 언론을 주 매개로 권력게임을 벌여온 정치권이 언론의 실제 가치와 힘을 지나치게 과대 포장해 놓았기 때문이다. 한마디로 얘기해서 언론의 덕택에 권력을 잡은 측이 언론을 지나치게 키워주었기 때문이라고 할 수 있다. YS가 대통령이 된 데는 언론의 힘이 절대적이었다고 할 수 있다. 그런데 아이러니하게도 YS는 바로 그 언론에 의해서 몰락의 길을 걷게 된다.

어쨌든 공무원들이 기자들의 밥이 되는 현상 때문에 나타나는 폐해는 의외로 크다. 우선 기자들을 상대하는 데 들어가는 예산만도 만만치가 않다. 각 기관마다 있는 공보관실에서 쓰는 예산 이외에도 간부들이 수시로 지출하는 술값, 골프비 등 접대비, 때 되면 보내주는 해외출장경비 등이 그것이다. 기자들을 상대하느라 허비하는 시간 자체도 엄청난 낭비라고 할 수 있다. 이들은 사전 예약도 없이 무상출입하는 특권을 가지고 있기 때문에 아무리 바쁘게 일하다가도 기자가 오면 만사 제쳐놓고 "미스 김! 여기 맛있는 차 좀 줘" 하게 된다. 거기다가 기사 때문에 할애해야 하는 업무시간도 상당하다. 상관이 "이게 뭐꼬?" 하면 기사가 나가게 된 경위부터 시작해서 기사내용의 진위여부, 그리고 그게 사실이라면 그에 대한 실제적인 상황과 문제점 및 대책 등을 파악해서 보고해야 한다. YS 시절 언론보도내용 가지고는 신경질적인 반응을 보이던 총리가 있었는데, 그때는 '언론보도내용 검토 보고'가 아예 총리실 모든 부서의 일일 주요 업무가 되기까지 했다.

그러나 이 모든 폐해도 언론의 단순 무식함 때문에 초래되는 폐해에 비하면 아무것도 아니다. 언론은 당일치기, 초치기로 먹고살아야 하는 직업상의 한계 때문인지 모든 현상과 사건에 대한 판단과 시각이 매우 성급하고 피상적이다. 한 단계만 더 들어가 보면 그게 아닌데 겉으로 나타난 모습만 보고 그게 전부인 줄로 단정하는 것이다. 하지만 세상이 어디 그런가. 정부가 추진했던 많은 정책 중에서 언론의 단순 무식함 때문에 일이 중도에서 좌초되거나 엉뚱하게 흘러간 경우가 부지기수다. 우루과이라운드와 관련해서 벌어진 쌀 수입개방 파동이 대표적인 경우라고 하겠다. 당시 어느 누구도 감히 쌀 수입 개방·허용 문제를 언급할 수 없었다. 그럴 경우 언론으로부터 '작살이 나기' 때문이다. 그 당시 주 제네바 대사였던 박수길 대사가 쌀 수입 개방을 허용할 수밖에 없다는 발언을 했다가 언론으로부터 거의 역적 취급을 당했던 기억이 난다. 그러나 결국 어떻게 되었는가. 처음부터 수입 개방을 전제로 대처했더라면 그처럼 무참하게 당하지는 않았을 것이다.

정부정책에 대한 언론의 비판 중에는 천편일률적인 내용도 많다. 그 중 하나가 정책 혼선에 대한 비판이다. 이를테면 동강댐 건설을 추진하는데 환경부의 입장과 건교부의 입장이 달라 정책의 혼선을 빚고 있다고 한다. 그러나 이것은 너무 당연한 일이다. 건교부는 물 부족 문제가 심각해지니까 동강댐 건설을 추진하는 것이고, 환경부는 당연히 환경보호 입장에서 반대할 수밖에 없는 것이다. 양 부처의 존재 이유가 바로 그것 아닌가. 문제는 두 부서가 치열한 논쟁을 거쳐 서로 장단점을 보완해 가며 조정하면 되는 것이지 처음부터 한목소리로 가서는 오히려 안 되는 법이다. 정부 각 부처가 오로지 한목소리로 가는 것은 과거 독재정부 시절에서나 가능한 일 아니었던가. 아마 그때는 언론이 필경 정부 각 부처가 제 목소리를 못 낸다고 비판했었을 것이다.

이렇듯 정부가 언론에 필요 이상으로 죄여 살면서 생기는 폐해는 숫자로 표현을 못 해서 그렇지 엄청나다고 할 수 있다. 그런데 최근에 언론에 대한 세무조사가 시작되면서 언론에 대한 정부의 반격이 시작되었다. DJ정권의 언론 길들이기라는 비난도 많지만, 어차피 시작된 일이라면 이 기회를 통해 정부와 언론과의 관계가 제대로 정립되었으면 하고 바랄 뿐이다.

업무 명목 관광 대신 제대로 된 해외연수를

연말에 파리의 몽마르트 언덕에 올라가 보면 평소 서울에서 만나기 힘든 공무원들을 이곳에서 많이 만나게 된다. 이것을 어떻게 해야 하는가. 무조건 삭감은 반대한다는 말씀을 분명히 밝힌다. 그 이유는 우리나라 공무원들이 아직도 국제적으로 너무나 촌스럽기 때문이다. 해외출장비를 삭감할 것이 아니라, 여행성 해외출장을 양성화하고 내실화하자는 것이다.

국제화, 세계화되면서 외국 나가는 일이 흔한 세상이 되었다. 그러나 공무원 사회에서는 여전히 해외출장이 선망의 대상이다. 한 해에 한 번 정도라도 외국을 다녀온 일이 있으면 행복한 공무원 축에 든다. 그래서 외국에 자주 나가게 되는 보직이 좋은 자리로 여겨진다. 지금도 많은 공무원들은 해외출장을 업무라기보다는 복지로 받아들이고 있다. 나의 경우는 20년 정도의 공직 생활 중에 15일간의 유럽출장, 2년간의 미국 연수, 10일간의 북미와 중미출장, 7일간의 일본출장, 15일간의 남미출장을 다녀왔으니, 중앙부처 공무원으로서는 평균 정도에 해당된다고 볼 수 있다. 해외경험으로는 적당한 복지혜택을 받은 셈이다.

출장은 국내든 국외든 누구에게나 좋은 일이다. 일단 지겨운 사무실과 일상업무에서 가끔 벗어나서 좋고, 안 가본 데 가서 구경 많이 해서 좋고, 이것저것 색다른 경험 해서 좋고, 출장비 나와서 좋고, 출장지에서 대접받아서 좋다. 그러니 하물며 해외출장은 말해 무엇하랴.

그런데 출장도 두 가지가 있다. 꼭 필요한 출장이 있는가 하면 일부러 만들어서 가는 출장이 있다. 전자의 경우가 그야말로 출장이고, 후자는 엄밀히 말해서 출장이 아니라 여행이라고 해야 할 것이다. 국제회의나 국제협상 때문에 해외출장을 가는 경우는 고생이 심한 경우가 많다. 회의준비, 회의참석, 회의결과정리, 다음 회의준비, 거기에다가 윗사람 치다꺼리까지 하느라 혓바늘이 돋은 채 돌아오는 경우도 많다.

그러나 정부 각 기관에서 나가는 해외출장의 반 이상은 해외출장이 아니라 해외여행이라고 봐야 한다. 각종 시찰, 자료수집, 사례연구, 업무협의 명목으로 출장을 가지만, 구체적인 출장일정을 들여다보면 한눈에 관광일정임을 알 수 있다. 실제로 출장일정 자체를 대부분 여행사에서 짜주는데, 출장 목적과 직접 관련된 시설이나 기관을 방문하는 일정은 전체 일정에 양념처럼 구색 맞추기로 섞어 넣기 마련이다.

연말이 다가오면 기다렸다는 듯 도로가 파헤쳐지듯이 어느 기관이든 연말에 해외출장이 늘어난다. 금년도의 해외출장 여비를 남기면 다음다음 해의 예산이 깎이기 때문이다. 따라서 연말이 되면 각 부서

별로 해외출장이 배정되고 출장자 선정 작업에 들어간다. 흔히 그 해에 공로가 많은 직원이 선정되기도 하나 보통의 경우는 외국을 안 가본 순서대로 정해진다. 아직도 온정주의와 무난주의無難主義가 지배하고 있는 우리네 행정 풍토에서는 해외출장의 경우에도 연공서열이 우선 원칙인 것이다.

해외출장이 사실상 해외여행이나 마찬가지다 보니 대부분의 출장지가 관광명소로 몰리게 된다. 유럽출장의 경우는 파리나 로마 등이, 미국출장의 경우는 뉴욕이나 LA 등이, 남미출장의 경우는 리우데자네이루나 부에노스아이레스 등이, 동남아출장의 경우는 홍콩, 싱가포르 등이 반드시 출장지에 포함된다. 연말에 파리의 몽마르트 언덕에 올라가 보면 평소 서울에서 만나기 힘든 공무원들을 이곳에서 많이 만나게 된다. 또 여행성 해외출장은 출장 목적도 어디나 뻔하다. 이를테면 지방자치단체의 상하수도과 직원들의 경우 '선진 상하수도시설 견학' 이외에 또 뭐가 있겠는가. 때마침 파리의 하수도 시설이 세계 최고 수준이란다. 이래서 웬만한 도시의 상하수도과를 거친 직원 중에는 파리로 해외출장을 다녀온 사람들이 많다. 이러니 파리의 하수도과 공무원들만 죽어나게 된다. 코리아의 공무원들 때문에 허구한 날 장발장이 되어 맨홀을 열고 하수도로 내려가야 하기 때문이다. 이들은 이렇게 중얼거릴 것이다. '이미 보고 간 사람들한테 설명 들으면 될 텐데 왜 모두가 와서 꼭 봐야 하나? 돈도 많아.'

이쯤해서 이러한 의문이 생길 것이다. 공무원들의 해외출장이 그 모양인데 감사기관에서는 여태 그걸 가만 놔두었단 말인가?

"그렇다."

"몰라 그랬나?"

"아니다. 알고도 그랬다."

"왜 그랬나?"

"모두가 공범이니까 그랬다."

앞에서도 얘기했지만 공무원 사회에서 해외출장은 업무라기보다는 복지의 의미가 강하며, 또 그 부분에 대해서는 모든 구성원들의 이해관계가 일치한다. 각 부처의 감사관실 직원이든 또 감사원의 직원이든 해외출장은 시쳇말로 '조오은 것이여'다. 그리고 이 점에 대해서는 다 알다시피 행정부 예산을 심의하는 국회의원들도 마찬가지, 아니 그 이상이다. 그러니 공무원들의 여행성 해외출장은 과거에서부터 지금까지, 그리고 앞으로도 건재할 수밖에 없는 것이다.

그렇다면 이것을 어떻게 해야 하는가. 공무원 해외출장의 실상이 백일하에 드러났으니 모든 정부기관의 해외출장 예산을 대폭 삭감해야 하는가. 공무원을 그만두었다고 과거의 동료들을 배신하고 조직 내의 이러한 공공연한 비밀을 까발리고 있는 나의 입장은 무엇인가. 배신자가 되기 싫어서가 아니라 무조건 삭감은 반대한다는 말씀을 분명히 밝힌다. 그 이유는 우리나라 공무원들이 아직도 국제적으로 너무나 촌스럽기 때문이다. 21세기에 들어섰건만 아직도 대부분의 우리 공무원들은 영어도 너무 못하고, 국제적인 에티켓도 모르고, 다른 문화를 이해할 줄도 모르면서 자기 집 안에서만 큰소리치는 우물 안 개구리들이기 때문이다. 따라서 해외출장비를 삭감할 것이 아니라 여행성 해외출장을 양성화하고 내실화하자는 것이다. 이를테면 해외연수의 기회로 삼자는 것이다. 해외여행? 좋다. 예산범위 내에서 가고 싶은 데로 가라. 놀다 오든 공부하다 오든 그건 네게 달려있다. 그리고 갔다 와서는 출장보고서가 아니라 기행문을 제출하라. 단, 여행사 안내 투어는 절대로 안 된다. 스스로의 힘으로 해외여행을 할 의지가 없는 자는 대한민국 공무원으로서도 자격 미달이니까.

사무관 시절 난생처음 해외출장을 떠나는 나에게 당시 과장님이 한 말이 아직도 기억난다. "부담 갖지 말고 다녀와. 많이 보고 많이 즐기라고. 외국에 나가면 ○○을 해도 배울 게 있는 거야."

몇 차례 해외출장을 하고 나서야 나는 그 말의 참뜻이 무엇인지를 깨닫게 되었다. 해외출장에 낭비성이 많긴 하지만, 그렇다고 해서 여행성 해외출장을 무조건 없애기보다는 국제화의 초보단계에 있는 우리의 현 시점에서는 먼저 그것을 복지의 차원에서 연수의 차원으로 바꾸려는 노력이 필요하다고 본다.

예산 먹는 하마, 공무원 교육훈련제도

"실제로 어떤 교육을 받으러 갔을 때, 거기서 무언가 배우고자 하는 의욕을 가지고 온 사람들을 만난 적이 그리 많지 않다. 단지 시간을 때우러 온 사람들이 대부분이다. 실례로 인터넷 교육을 받으러 온 사람 중에 컴퓨터 자판도 모르는 사람이 태반이다. 이러니 조직의 업무능률을 높인다는 교육훈련의 당초 목표가 달성될 리가 없다."

이론과 실제와의 거리는 항상 멀다. 정부에서 실시하는 교육훈련의 경우도 마찬가지다. 행정학에서 교육훈련이 차지하는 비중은 매우 크며, 또 많은 이론이 나와 있다. 그럼에도 불구하고 정부 안에서 이루어지는 교육훈련의 실상은 아직도 상당히 실망스러운 수준이다.

정신을 못 차릴 정도로 세상이 변화하는 지금 교육훈련의 중요성은 매우 커지고 있다. 더구나 지속적인 구조조정으로 인하여 전직轉職의 유연성을 키워야 하는 상황을 염두에 두면 교육훈련의 필요성은 더욱 커져만 가고 있다. 물론 정부에서도 교육훈련의 중요성을 모르는 바가 아니다. 투자도 늘리고 새로운 시도도 해 본다. 그러나 별로 나아지는 게 없다. 왜 그런가? 결론부터 얘기하면 교육훈련의 중요성에 대한 인식이 절대적으로 부족하기 때문이다.

나는 개인적으로 교육훈련에 대한 욕구가 강한 편이다. 일신우일신日新又日新을 신봉하고, 변화의 흐름에 뒤처지기를 싫어하는 입장이어서 교육훈련의 기회가 오면 가급적 그 기회를 놓치지 않으려고 애쓰는 편이다. 그러다 보니 다른 동료보다는 좀더 많은 교육과 훈련을 받은 셈이다. 기본적으로 받아야 하는 직무 교육 이외에도 영어 교육과 각종 컴퓨터 또는 인터넷 관련 교육, 그리고 심지어는 정신문화연구원이나 한국생산성본부에서 실시하는 위탁 교육까지 받아보았다. 또 2년 동안 해외훈련을 받으며 정책학 석사학위를 따기도 했다. 그러나 그러기까지 나는 직장에서 숱한 고초를 겪어야 했다. 한마디로 대부분의 직장에서 상사들은 부하직원들이 교육훈련을 받는 것을 달갑게 여기지 않는다.

"저, 이번에 공무원교육원에서 영어 교육이 있는데, 받아보았으면 합니다"라고 얘기하면 일단 눈부터 부라리며 쳐다본다. 일하기 싫으니까 교육을 핑계 삼아 사무실을 벗어나려는 게 아니냐는 투다. 그래서 흔히 나오는 대답이 이렇다. "다음에 가지!"

항상 다음에 가라고 하니 그것은 가지 말라는 말이나 다름없다. 이런 환경 아래 어떻게든 교육훈련을 받으려면 고육지책을 쓸 수밖에 없다. 즉, 휴가를 반납하거나 몇 날 며칠 야근이 필요한 고생스런 일을 자청해서 해야 하는 것이다.

이런 사정을 잘 아는 행정자치부가 그러한 폐단을 없애기 위해 부처별로 교육인원을 할당하는 방법을 도입하기도 했으나 그 역시 또 다른 폐단을 낳고 만다. 즉, 어느 부서든 그 부서에서 가장 무능하고 할 일이 없는 사람 또는 정년을 앞둔 사람들을 교육훈련의 단골손님으로 보내는 것이다. 실제로 어떤 교육을 받으러 갔을 때, 거기서 무언가 배우고자 하는 의욕을 가지고 온 사람들을 만난 적이 그리 많지 않다. 단지 시간을 때우러 온 사람들이 대부분이다. 실례로 인터넷 교육을 받으러 온 사람 중에 컴퓨터 자판도 모르는 사람이 태반이다. 이러니 조직의 업무능률을 높인다는 교육훈련의 당초 목표가 달성될 리가 없다.

직장에서 상사가 교육훈련을 경시하는 것은 지극히 자기중심적이고 근시안적인 태도에서 나온 결과이다. 부하들의 능력개발이나 조직의 장기적인 발전은 안중에도 두지 않고 당장에 자기가 편하고 보자는 생각이다. 정부 안에 이런 상사들이 주류를 이루고 있는 한 교육훈련은 항상 무용지물이 되고 말 것이다. 각급 기관장을 비롯한 고위직을 상대로 '교육훈련'에 대한 인식을 바꾸는 교육이 시급하다고 할 수 있다. 행정자치부는 교육훈련에 대한 각종 프로그램의 개발에 앞서 이런 교육부터 시작해야 할 것이다.

교육훈련에 대한 인식이 이 모양이니 실제 교육훈련의 수준은 뻔하다고 할 수 있겠다. 문민정부 시절, 국제화·세계화의 바람이 불면서 각 부처마다 민간기업에 위탁 교육을 보내는 일이 유행이었다. 공직 사회에 기업 마인드를 도입하겠다는 명분을 내세우긴 했지만 사실상 정부의 교육훈련 수준의 한계를 인정한 것이나 마찬가지였다. 그러다가 당시 이회창 총리가 그 특유의 자존심을 발휘하여 이를 중단시킨 적이 있다. 정부가 제대로 된 교육훈련을 할 생각은 안 하고 위탁 교육만 시킨다면, 각 기관마다 개별적으로 가지고 있는 교육원은 어디다 쓰겠느냐는 지적이었다. 여기에는 민간기업에 교육받으러 몰려다니는 공무원들의 꼴이 볼썽사납다는 자책감도 크게 작용한 것으로 안다. 어쨌든 정부의 교육훈련의 수준은 이처럼 스스로도 인정할 만큼 대단히 낮은 상태다.

그런데 그러한 교육훈련의 수준에 비해서 그 하드웨어는 어디다 내놓아도 손색이 없다. 정부의 웬만한 기관과 각 광역자치단체는 모두 훌륭한 시설과 충분한 인원을 갖춘 산하 교육훈련기관을 자체적으로 운영하고 있다. 그렇다면 무엇이 문제이겠는가. 바로 전문적인 맨파워, 즉 인력의 부족이 문제라는 것이다. 교육훈련기관은 그야말로 전문성을 가진 기관이다. 일반 행정부서와 다르다. 그럼에도 불구하고 대부분 일반직 공무원들이 순환근무를 하고 있다. 전문성을 전혀 고려하지 않고 있다는 얘기다. 거기다가 어느 부처든 교육훈련기관은 한직으로 취급받고 있기 때문에 그나마 능력이 있는 사람들이 드문 곳이다. 능력이 있는 사람마저도 대충 일하다가 본부로 들어가기만을 기다리고 있다. 그러니 무슨 일이 제대로 되겠는가. 더욱이 일부 전문직으로 채용된 교수 요원들도 낮은 처우 때문에 고급 인력이 거의 없다. 행정고시로 뽑은 공무원들을 행정고시에 수차례 낙방한 사람이 교수가 되어 가르치는 것이 우리의 현실이다. 외부에서 전문가를 강사로 초빙하는 경우에도 제대로 된 사람을 부르기가 어렵다. 강의료가 너무 약하기 때문이다.

언젠가 행정자치부의 전산교육센터에서 SPSS 프로그램(Statistical Package for the Social Sciences, 미국 SPSS 사의 통계 프로그램)에 관한 교육을 받은 적이 있는데, 사흘 동안의 교육에도 불구하고 뭐가 뭔지 모르고 돌아왔다. 강사가 열심히 가르친 것은 SPSS의 역사, 의의, 특성 등이었다. 자동차 운전기술을 배우러 갔더니 자동차의 역사, 의의, 특성들을 열심히 가르쳤다면 운전을 전혀 못 할 수밖에 없지 않겠는가. 잠시 다른 얘기지만 SPSS는 훗날 미국에 유학을 가서 단 하루 만에 배웠다. 조교가 자료를 입력하라고 한 다음 몇 가지 명령어를 쳐보라고 해서 그대로 따라 했더니 자료가 분석되어서 나오는 것이었다. 행자부 전산교육원의 강사는 SPSS의 역사, 의의 따위를 가르치다가 오히려 교육생들을 미궁으로 몰고 간 것이다.

SPSS를 잘 다룬다고 훌륭한 강사가 아니다. 모르는 사람으로 하여금 그것을 알게끔 만들어주는 사람이 훌륭한 강사인 것이다. 개그맨 전유성은 SPSS는 잘 몰라도 그 강사보다는 훨씬 더 잘 가르칠 것이다. 사람들이 뭘 모르고 뭘 필요로 한다는 것을 알고 있기 때문이다. 컴퓨터 도사들은 많아도 컴맹들을 제대로 가르칠 줄 아는 도사들은 극히 드물다. 가르친다는 것은 안다는 것과 다르며 아는 것 이상을 요구한다. 컴퓨터 도사들이 만드는 수백 종의 컴퓨터 책보다 전유성의 컴퓨터 책이 더 잘 팔리는 까닭도 여기 있다.

여하튼 정부가 매년 교육훈련을 위하여 쏟아 붓는 예산은 엄청나다. 거기에 비해서 교육훈련의 성과는 이처럼 미미하다. 그런데도 개선의 기미가 보이지 않는다. 왜 그런가. 국민들이, 국회의원들이 교육훈련의 실상을 잘 모르기 때문이다. 더욱 한심한 것은 소위 행정학자라고 하는 사람들도 허구한 날 대학에서 미국의 교육훈련제도가 어쩌고저쩌고하고만 있지 우리의 실정과 문제점 등에 대해서는 전혀 깡통이라는 점이다.

정부가 채용할 때는 유능한 인재들을 뽑아놓고도 능력개발은커녕 그들을 사회에서 점점 뒤떨어지는 사람으로 만들어 가는 것은 국가적으로나 개인적으로 중대한 손실이 아닐 수 없다. 우리나라는 학교 교육이든 사회 교육이든 왜 교육이란 교육은 다 이렇게 엉성하고 엉망인지 모르겠다. 장래를 내다보지 않고, 눈앞의 성과에만 급급해서 나오는 폐해 중의 하나라고 본다.

공무원 토요휴무제도 경기를 탄다

> 정부의 인사정책 중에서 토요휴무제도처럼 소위 '경기를 탄' 제도는 없을 것이다. 경제가 좋을 때마다 공무원 사기진작책의 일환으로서 단골로 등장하는 것이 바로 토요휴무제이다. …… 그러다가 경제가 나빠지면 정부가 솔선수범한다며 꼭 건드리는 것이 또 토요휴무제이다. …… 이러다 보니 토요휴무제는 경제정책도 아닌데 경기순환을 타고 오락가락하게 된다.

이회창 국무총리가 취임하고 얼마 되지 않았을 무렵의 일이다. 국무총리 비서실 직원들이 모처럼 강화도로 엠티MT를 갔다. 엠티라면 오랜만에 사무실을 벗어나 그것도 서울을 떠나서 전 직원이 함께 하룻밤을 보내고 오는 일로서 몇 년에 한 번 있을까 말까 하는 행사다. 버스를 타고 들길과 산길을 달려 목적지에 도착하면 여장을 풀고 그룹별로 나뉘어 각종 운동경기를 벌인다. 저녁을 먹고 캠프파이어를 하고 나서 각 사무실별로 나뉘어 분임 토의에 들어간다. 분임 토의가 끝나고 나면 술판이나 놀음판이 새벽녘까지 벌어지다가 아침에 잠깐

곯아떨어진다. 다들 잠과 술이 덜 깬 상태에서 아침밥을 먹고 나면 분임 토의의 결과를 발표하는 시간이 된다. 그리고 기관장의 총평을 끝으로 엠티가 종료된다. 그다음은 버스 속에서 다시 잠에 떨어져 귀가하는 일만 남아 있다. 이것이 흔히 정부의 각 기관마다 이루어지는 엠티의 전형적인 모습이다.

엠티의 주목적은 물론 단합이다. 기관장이 바뀌거나 커다란 인사이동이 있은 후에 조직의 화학적 결합과 갈등 해소를 도모하기 위해서 엠티를 기획하곤 한다. 부수적 목적으로는 직원들의 불만파악 및 해소, 업무와 관련된 신선한 아이디어의 개발, 기관장의 조직 분위기 파악 및 메시지 전달 등이 있겠다. 앞에서 얘기한 통상적인 일정 중에 분임 토의는 주로 후자의 부수적인 목적을 위한 것이라고 하겠다.

강화도에서의 엠티도 여느 때처럼 적당히 재미있고 적당히 진지하게 진행되었을 것이다. 유난히 술을 많이 먹어서 추태를 부린 사람도 있었을 테고, 돈을 왕창 잃어 얼굴이 벌겋게 달아오른 사람도 있었을 것이다. 분임 토의에서 지나치게 열을 내 주위 사람의 이맛살을 찌푸리게 한 사람도 있었을 테고, 재기 넘친 유머로 여직원들의 인기를 독차지한 사람도 있었을 것이다. 그러나 그날의 엠티에서 특별히 의미 있는 결과가 하나 있었다. '토요휴무제도'의 아이디어가 나온 것이다.

분임 토의는 사실 제대로 진행되기가 어렵다. 이미 저녁과 캠프파이어를 거치면서 다들 어느 정도 취기가 오른 상태에서 논리적인 발표와 토론을 진행하는 일은 아무래도 무리다. 그러다 보니 흔히 등장하는 방법이 분임 중에 한 사람을 지명하여 서기를 맡겨서, 얘기는 얘기대로 자연스럽게 진행하되 내용은 지명된 사람이 책임지고 아침까지 정리를 끝내는 것이다. 그날 누군가가 엠티를 토요일에 실시하는 것에 대해서 강한 불만을 털어놓았다. 엠티도 업무의 연장인데 왜 신성한 주말을 침해하느냐는 주장이었다. 구태여 하려면 평일을 잡아야 된다는 것이었다. 그러다가 화제가 자연스럽게 확대되면서 토요일 근무의 허구성, 낭비성 등이 거론되었다. 결국 그러려면 차라리 휴무로 하는 것이 어떻겠느냐는 얘기로까지 발전했다. 당시 '정리맨'으로 지명된 나는 다음 날 아침 토요휴무제안을 분임 토의의 주요 의제로 정리하였다. 그리고 분임 토의 결과를 발표하는 시간에 토요휴무제안은 만장의 박수갈채를 받았다. 비서실장은 총리께 꼭 건의를 하겠노라고 약속까지 했다. 그리고 다음날인 월요일 아침에 비서실장이 주말에 있었던 엠티 결과를 보고하는 과정에서 토요휴무제 실시가 건의되었다. 그리고 그다음은 총무처 장관에 대한 검토 지시, 총무처의 연구 검토, 단계적 시범 실시 등의 과정을 겪어 토요휴무제는 전면 시행되게 된다.

그런데 그 후 정부의 인사정책 중에서 토요휴무제도처럼 소위 '경기를 탄' 제도는 없을 것이다. 경제가 좋을 때마다 공무원 사기진작책의 일환으로서 단골로 등장하는 것이 바로 토요휴무제이다. 물가인상과 예산사정 때문에 봉급을 못 올리다 보니 궁여지책으로 휴무라도 늘려주자는 것이다. 그러다가 경제가 나빠지면 정부가 솔선수범

한다며 꼭 건드리는 것이 또 토요휴무제이다. 국민들이 고생하는데 공무원들이 노는 일에나 열중이라는 비난을 피하기 위해서이다. 이러다 보니 토요휴무제는 경제정책도 아닌데 경기순환을 타고 오락가락하게 된다.

토요휴무제는 과연 경제상황에 따라서 그 채택 여부를 다시 결정해야 하는 정책인가? 결론부터 말하면 토요휴무제야말로 전시행정의 희생양이다. 정책의 실질적인 효과와는 상관없이 단순히 공무원들과 국민들한테 무언가 보여주기 위한 목적으로 채택했다가 폐지했다가를 되풀이하는 것이다.

토요휴무제는 공식명칭이 아니다. 원래는 토요격주휴무제다. 격주로 토요일 하루는 평일처럼 일하고, 또 하루는 완전히 쉬는 것이다. 주간 근무시간으로 따지면 종전과 다름이 없다. 그러니 전혀 비난받을 일이 아니다. 관공서가 토요일도 늦게까지 일을 하니 시민의 입장에서 보면 더 좋다고 할 수 있다. 그런데도 토요격주휴무제가 비난받는 것은 정부의 홍보 실패와 언론기관의 호도가 합작한 결과라고 여겨진다. 정부는 그게 아니라고 적극적으로 해명하기보다는 번번이 여론에 밀려 애써 마련한 정책을 포기하는 것이다. 노동조합도 없는 공무원이니 억울해도 참고 넘어가라는 꼴이다.

토요격주휴무제 실시를 검토했던 또 다른 이유 중의 하나는 공무원들이 토요일 날 나와도 일을 안 한다는 것이다. 전날 금요일이라고 다들 과음한 상태에서 가까스로 출근하여 오전 내내 신문만 보다가

12시가 되면 점심 먹으러 나갔다 와 곧 퇴근하는 것이 토요일 근무의 상례다. 그러니 공연히 나와서 전화나 쓰고 시간만 허비하게 하느니 차라리 온전히 쉬게 해주자는 것이다. 그러면 연휴를 활용해 가족과 여가를 즐기기에도 충분할 것이다. 백 번 타당한 말씀이다. 그리고 여기에는 그 이상의 부수적인 효과도 있다. 연휴를 활용할 계획을 짜다 보면 금요일 술자리가 현저하게 줄어들게 될 것이다. 술집들은 울상이겠지만 말이다. 토요일 일요일 이틀 동안 집에서 뒹굴 거리는 대신 놀러 나갈 테니까 그만큼 소비지출도 늘어나 요즘 같은 불경기에는 경기진작에도 일조를 할 수 있을 것이다. 여가활동이 늘어나다 보면 그만큼 관광여가산업이 발전하게 될 것이고, 그에 따라 외국인 관광객을 유치하기 위한 여건도 개선될 것이다.

이러니 토요격주휴무제를 반대할 이유가 없다. 그런데도 경제가 나빠지면 번번이 이 제도의 폐지가 거론된다. 이런 일이 어디 한둘이 아니겠지만 참으로 어처구니없는 일이 아닐 수 없다.

정부는 성희롱의 안전지대인가

그날 자리를 파하고 차를 잡는 동안에 함께 있던 여직원에게 물어보았다. "당신들은 자존심도 없어?" 옆에 앉으란다고 앉고, 술 따르란다고 따르고 그게 뭐야!" 그러자 그 여직원이 눈물을 글썽거리면서 하는 말. "그럼 어떻게 해요! 지금까지 그렇게 해 왔는걸, 나 혼자 튀다가 공연히 분위기만 망치고, 다른 여직원들에게 눈총만 받을 텐데요. 이러다가 집에 들어가면 정말 죽고 싶어요!"

최근 직장 내 성희롱 문제가 사회 문제로 제기되면서 급기야 관련법까지 만들어지고 곳곳에서 고발 및 폭로가 잇따르고 있다. 공직 사회도 예외는 아니어서 얼마 전에 여군 중위가 부대장(사단장)을 고발했는가 하면, 내가 몸담았던 총리실의 국장급 간부도 성희롱으로 옷을 벗기도 했다. 성희롱 문제가 심각해진 것은 오늘날 그 사례가 급증해서라기보다는 최근에 와서 이 문제에 대한 우리의 인식이 달라졌기 때문이라고 보아야 할 것이다. 사실 나 자신도 미국 유학을 가기 전까지는 이 문제에 대해서 별 의식이 없었다. 그러다가 1993년 여름

귀국한 후로 이 문제가 눈에 보이기 시작했다. 미국에 있는 동안 이 문제로 많은 사람들이 직장을 떠나는 모습을 보았기 때문이다. 그전에는 아무렇지도 않게 지나쳤던 일들이지만 나도 이때부터 '이건 좀 심하지 않은가'라는 식으로 인식하게 된 것이다.

귀국해서 새 부서로 발령이 나자 부서장이 나를 위해 회식자리를 만들어 주었다. 미리 도착한 직원들이 끼리끼리 앉아 잡담을 나누고 있는데 부서장을 비롯한 간부들이 도착을 했다. 그러자 간부 중의 한 명이 자리를 재배치하기 시작했다. 여직원들을 일어나라고 하더니 '너는 여기 앉고, 너는 저기 앉고' 하는 것이었다. 그중에 가장 예쁘고 날씬한 여직원이 부서장 옆에 앉혀졌다. 그러더니 그 여직원보고 부서장에게 술을 따라 드리라고 했다. 그 여직원은 잠시 난감한 표정을 보이다가 이내 상기된 얼굴로 술을 따랐다. 그날 여직원들은 모처럼의 회식자리에서 가까운 동료끼리 함께 앉아 즐거운 수다를 떨기는커녕, 제 잘난 소리만 일방적으로 늘어놓는 간부들의 얘기를 멋쩍은 표정으로 듣다가 가끔 빈 술잔을 채워주며 지겨운 그 자리를 견뎌내야 했다. 그리고 그것으로 끝났으면 좋으련만 집에 간다고 도망치던 여직원들은 또다시 억지로 2차까지 끌려가야 했다. 이런 일이 당시에는 버젓이 벌어졌고, 지금도 일부 어딘가에서 계속 일어나고 있을 것이다. 그날 자리를 파하고 차를 잡는 동안에 함께 있던 여직원에게 물어보았다. "당신들은 자존심도 없어? 옆에 앉으란다고 앉고, 술 따르란다고 따르고 그게 뭐야!" 그러자 그 여직원이 눈물을 글썽거리면서 하는 말 "그럼 어떻게 해요! 지금까지 그렇게 해 왔는걸. 나 혼자 튀다가 공연히 분위기만 망치고, 다른 여직원들에게 눈총만 받을 텐데요. 이러다가 집에 들어가면 정말 죽고 싶어요!"

다음 날 아침 나는 용기를 내서 부서장의 방에 들어가 말을 꺼냈다. "이제부터 회식을 할 때 여직원들을 억지로 옆에 앉히거나 술을 따르게 하는 일은 없앴으면 합니다." "왜 그래? 뭐가 잘못되었나?" "생각해 보십시오! 그 애들이 우리 동생이나 딸이라면 어떻겠습니까?" "아니, 그 애들이 뭐라고 그래? 여태까지 아무 말 없었는데……." "죽고 싶대요! 집에 가서 곰곰이 생각해보면 죽고 싶대요!" "……." 어안이 벙벙해서 쳐다보던 부서장은 이내 표정을 정리하더니 "알았어! 앞으로는 그런 일 없을 거야!"라고 흔쾌히 받아주었다. 나는 지금도 그분을 좋아하며 자주 만나고 있다. 잘못된 일이라고 수긍이 되면 단호하게 접수를 해주는 분이기 때문이다. 하지만 그나마 이런 분은 소수에 속한다고 보는 게 맞을 것이다. 어쨌든 그 후로 우리 부서의 회식 문화는 완전히 바뀌어 버렸다.

성희롱의 행태에 대해서는 이미 다 알려져 있지만, 점잖은 부처로 알려진 총리실에서도 위에서 말한 빗나간 회식 행태 말고도 알게 모르게 여러 이야기들이 돌아다녔다. 훗날 장관을 지내신 총리실 어느 간부는 교회 장로님으로 늘 양반 중의 양반이라고 불렸으나 여비서가 보고하러 들어오면 엉덩이를 주물러댔다는 뒷이야기가 있었다. 또 어느 간부는 엘리베이터에서 여직원을 만나면 어깨를 두드려주는 척하면서 브래지어 끈을 잡아당기는 이상한 취미를 가진 것으로 유명했다. 어느 날 인턴사원 하나가 꽥 소리를 지르며 사무실을 튀어 나간 적이 있는데, 나중에 알고 보니 어느 간부가 살짝 내려간 그녀의 바지 지퍼를 올려준다고 그것에 손을 대려 했다는 것이다.

성희롱 이외에 성차별에 관한 사례는 더욱 무궁무진하다. 그중에 하나. 대명천지 우리나라에도 아직도 여자는 사람이 아니라고 생각하는 자들이 꽤 되는 모양이다. 행정고시 출신의 여자직원이 있었는데 사무실에 걸려온 전화를 잘 안 받으려 했다. 전화가 와서 받으면 "거기 사람 없어?"라고 하는 경우가 적지 않다는 것이다. 자기업무와 관련된 전화를 받아도 자꾸 딴 사람 바꾸라고 한단다. 내가 담당자라고 하면 끊어버리기도 한다고 했다. 그리고 아직도 많은 관공서에서 국적 불명의 '미스 김' '미스 리'라는 호칭을 사용하고 있다. 김영숙씨, 이은숙씨 하고 부르면 얼마나 좋은가 말이다. 영어는 한마디도 못하는 작자들이 그런 것은 끝내 고수하려 든다. 미스 김, 미스 리 하다가 김영숙씨, 이은숙씨 하는 호칭으로 바꾸지도 못하는 자들에게서 우리의 행정이 변하기를 기대한 것은 나무에서 물고기가 떨어지기를 기다리는 것보다 더 지난한 일이라고 할 수 있겠다.

성희롱과 관련해서 조금은 위험한(?) 발언을 해 보겠다. 음식에 맛을 내는 것이 양념이듯이 우리가 살아가는데 특히 일을 하는데 양념 역할을 하는 것이 곧 유머라고 할 수 있다. 즉, 유머는 우리 일상생활의 최대의 적이라고 할 수 있는 권태와 정신적 피로를 덜어주는 청량

제라고 할 수 있다. 유머의 다양한 형태 중에서 성적인 농담과 장난은 상당히 큰 비중을 차지한다. 좀 심하게 말해서 성적인 농담과 장난을 빼면 그야말로 썰렁한 유머만 남게 되지 않을까. 그래서 하는 말인데 과연 성적인 농담과 장난 자체가 비난과 금지의 대상이 되는지 의문을 던져 보는 것이다.

이렇게 생각해보자. 어느 직장에 아주 매력적인 남자 직원이 있다고 하자. 늘 일에 헌신적이고, 주변을 즐겁게 하며, 자기관리가 깔끔한 사람이다. 직장에서 특히 여성들에게 인기가 좋다. 여성들에 대한 배려와 마음 씀씀이가 남다르기 때문이다. 스캔들도 전혀 없이 가정생활도 '노 프로블럼No Problem'이다. 이 남자가 어느 날 아침 그날따라 야하게 차려입고 출근한 여직원에게 "야, 미숙씨 오늘 상당히 섹시한데!"라고 했다 치자. 미숙씨가 그때 성적인 수치심을 느끼게 될까. 성희롱을 당했다고 느낄까 말이다. 모르면 몰라도 미숙씨는 오히려 상당히 기분이 좋을 것이라고 생각된다. 직장 내에서 매력적인 남성으로부터 칭찬을 들었다고 생각할 것이기 때문이다. 그런데 그 반대로 직장 안에서 정말로 밥맛 없는 남자로부터 그런 말을 들었다고 치자. 그러면 정말 성적인 수치심과 함께 성희롱을 당했다고 느낄 가능성이 크다. 성희롱인가의 판단 여부는 이렇듯 상대적이라고 할 수 있다. 그러니 직장에서 밥맛 없게 구는 인간들 때문에 선량한 시민들까지 할 말(유머와 위트)도 제대로 못 하고 썰렁하게 직장 생활을 해야 하는 세상이 된다는 말씀이다.

밥맛 없는 인간들아! 제발 여직원들에게 치근덕거리기 전에 먼저 사람이 되라. 당신들이 밥맛 있는 사람이 되면, 여직원들도 아무리 야한 농담이라도 귀엽게 받아 주리니.

대통령 끗발도 안 통하는 세무행정

아직도 세무서 담당자는 결심을 하지 못하고 있었다. 안심이 안 된다는 것이었다. 대통령이 나섰어도 실무자가 움직이지 않으면 일이 안된다는 것을 뼈저리게 느끼지 않을 수 없었다. 나도 공무원이지만 정말 공무원들 너무 심했다. 감사가 무엇인지. 책임이 무엇인지. 대통령 끗발도 안 통하는 세무행정! 너 정말 대단하다!

행정업무 중에서 가장 복잡하고 어려운 분야를 꼽으라고 하면 먼저 세무행정이나 건축행정을 들 수 있다. 실제로 세법이나 건축법을 들여다보면 너무도 난해한 내용이라 일반인들은 감히 접근할 엄두도 못 낼 정도이다. 그래서 그런지 가장 말도 많고 탈도 많은 곳이 이쪽 동네인가 보다.

행정업무가 복잡다단하다 보면 실무자들의 입김이 세질 수밖에 없다. 윗사람들이 세부적인 사항까지 일일이 확인하고 점검할 수 없기 때문이다. 따라서 이 분야에서 일을 쉽게 풀려면 실무적으로 접근해야지 고차원적으로 접근해서는 일이 오히려 더 꼬이는 수가 많다. 나는 그런 경우를 뼈저리게 체험한 적이 있다. 흔히 대통령이 나서서 안 되는 일이 어디 있겠냐 하지만, 실제로 대통령이 나섰는데도 일이 풀리지 않던 경험이다.

1990년 11월 19일, 안치순 국무총리 행정조정실장이 과로로 순직했다. 퇴근 무렵 강영훈 총리에게 전화로 보고를 하던 중 갑자기 쓰러져 사망한 것이다. 당시 여소야대의 정치상황에서 노태우 대통령은 가급적 모든 행정을 국무총리에게 미루었으며, 그 과정에서 가장 고생한 사람이 국무총리 행정조정실장이었다. 고지식한 성품의 안치순 실장은 자신을 돌보지 않고 일만 하다가 나라에 목숨을 바쳤다(이 이야기는 다음 장에서 다시 자세히 다룬다). 장례식이 끝나고 고인의 유족을 도와주는 문제가 자연스럽게 제기되었다. 그러다가 나온 것이 상속세 면제 문제였다. 바야흐로 십 년 가까이 끌며 나를 괴롭히던 안 실장 상속세 사건의 서곡이 시작된 것이었다.

상속세 면제 문제가 제기되자, 총리실 고위 간부가 국세청 고위 간부를 통하여 관할인 여의도세무서장에게 협조를 요청했다. 여의도세무서 측은 이 문제를 검토한 결과, 현행법상 상속세 비과세 조항이 있긴 하나 안 실장의 경우에는 적용할 수 없다는 결론을 내렸다. 즉, 상속세법 제13조는 상속세 비과세 대상으로 '전사 및 이에 준할 사망 또는 전쟁 및 이에 준할 공무로 인하여 받는 상이 질병으로 사망'을 규정하고 있고, 상속세법 시행령 제10조는 '전쟁에 준할 공무'에 대해

'사변 또는 이에 준하는 비상사태로 인하여 토벌 또는 경비의 임무에 종사하는 사무'라고 규정하고 있는데, 업무상 순직은 여기에 해당되지 않는다는 것이었다. 갑자기 난감해진 관계자들이 무슨 묘안이 없을까 하고 상의를 하던 중, 당시 여의도세무서장이 다음과 같은 아이디어를 냈다. 당시는 노태우 대통령이 범죄와의 전쟁을 선포하고, 그 일을 총괄지휘한 사람이 안 실장이 아닌가. 그리고 안 실장은 범죄와의 전쟁 중에 사망한 것이므로 상속세법 제13조를 원용할 수 있는 게 아닌가. 말인즉슨 그럴듯했지만, 법 해석상 비약과 무리가 아니냐는 의견이 대부분이었다. 그러자 세무서장이 제안하기를 "그렇다면 상속세법 제13조 규정을 원용해달라는 문서를 만들어 총리가 사인을 해주는 것이 어떻겠는가. 나중에 감사원 감사에서 문제가 될 경우에 대비해서도 필요하다"고 하자 모두가 그렇게 하자며 동의를 했다. 당시 강영훈 총리는 그 엉뚱하기 짝이 없는 문서에 흔쾌히 사인을 하셨고, 그렇게 해서 안 실장의 상속세 건은 비과세로 처리되는 것으로 결론이 났다.

그런데 그로부터 2년 정도가 지났을 때 여의도세무서로부터 미망인에게 "상속세를 여태 안 냈으니 어떻게 된 것이냐"는 연락이 왔다. 미망인을 대신해서 세무서에 간 내가 당시의 상황과 결정 과정을 담당자에게 설명하자 그의 대답은 뜻밖이었다. "나는 모르는 일이다. 당시에 아무런 처리도 안 되어 있다. 나로서는 원칙대로 상속세를 부과할 수밖에 없다." 이미 당시의 세무서장과 실무자들은 다 다른 데로 떠난 상태에서 누구 하나 붙잡고 하소연할 사람도 없었다. 돌이켜보니 당시의 실무자들은 세무서장의 무리한 결정을 내심 받아들이지 않고, 자료를 혼자서 뭉개고 있다가 다른 곳으로 가버린 것이다. 일이 잘못되었을 때 책임을 지는 사람은 서장이 아니라 실무자들이라는 것도 그때 알게 된 사실이다. 제대로 부과된 세금도 내기가 아까운 법인데, 안 내도 되는 줄 알았던 세금을 내야 한다는 사실은 받아들이기가 쉽지가 않았다. 그런데 문제는 거기서 끝나지 않았다. 당초 정상적으로 납부해야 할 세액은 1억여 원이었는데, 그것이 지금은 4억여 원으로 늘어난 것이다. 당시 여의도세무서 측이 비과세 결정을 내리면서 상속인을 대신하여 상속재산신고를 해주었는데, 세무서에서 뽑은 전산자료만을 근거로 신고서를 작성했기 때문에 대지 한 곳이 누락되었으며, 공교롭게도 그 사이에 법 개정이 이루어져 그 땅에 대한 과표가 4배 이상으로 증가한데다가 신고누락으로 가산세까지 추가된 것이다. 그러니 유가족을 도와준다고 시작한 일이 이제 와서 오히려 막대한 손해를 입히는 결과를 초래한 것이다. 나는 이런 사정을 여의도세무서장을 비롯한 관계자들에게 누누이 설명하고 하소연했으나, 그들은 "억울한 점은 충분히 인정하나, 우리들로서는 어쩔 수 없다"는 반응만 보일 뿐이었다. 아무도 책임을 지려 하지 않았다. 고인과 아무런 상관이 없는 그들로서는 당연한 일이었다.

나는 할 수 없이 관계요로를 통하여 여의도세무서를 간접적으로 설득하는 방법을 쓰기도 했다. 그 후로 나는 담당자가 바뀔 때마다 업무로 바쁜 와중에도 틈틈이 짬을 내어 여의도세무서를 들락거리며 그간의 사정을 눈물로 호소도 하다가, 또 관계요로를 통해 압력을 가하기도 하며 시간을 끌어나갔다. 나로서는 그러면서 5년의 시효를 넘기자는 계산이 있었기 때문이다.

그러나 세무행정은 그렇게 호락호락하지 않았다. 시효가 다가오자 실무자들이 점점 난색을 표하기 시작했다. 그러다가 또 담당자가 바뀌었다. 벌써 몇 번째인가. 하지만 나는 또 미망인 대신에 그를 찾아가 그간의 사정을 설명할 수밖에 없었다. 그런데 이번엔 너무 의외였다. 실무자의 반응이 너무 긍정적이었던 것이다. "너무 걱정하지 마세요. 잘 될 거예요."라고 시원스럽게 말하는 것이 아닌가. 나는 그가 너무 고마웠고, 이제는 고생 끝이구나 라고 생각했다. 막판에 좋은 사람 만나서 일이 쉽게 풀린다고 생각했다. 그러고는 안심하고 있었다. 그러나 결국 그게 아니었다. 시효를 3달 앞두고서 여의도세무서는 '상속세 결정전 조사내용 통지서'를 송부했다. 고지서를 보내기 전 단계의 조치였다. 아니 이게 어떻게 된 것인가 하고 실무자를 만나보니, 그의 입에서는 전혀 딴소리가 나왔다. 그제야 감이 잡혔다. 이 실무자가 나를 농락한 것이다! 안 된다고 하면 또 요로를 통해서 자기를 귀찮게 굴 것임을 너무도 잘 아는 이 자가 나를 속이고 안심시켰던 것이다. 그야말로 닳고 닳은 최고수의 세무쟁이였다.

이제는 일이 다급해졌다. 미망인은 거의 실신할 정도로 낙담해 있었다. 나는 당시 고인의 학교후배였던 총리비서실장을 동원해 총력

전을 펼쳤다. 국세청 고위간부도 만나고, 감사원 사람들도 만났다. 그러나 일은 제자리에서 맴돌았다. 결국은 세무서 담당자가 결정할 일이었다. 실무자가 마음을 바꾸지 않는 한, 아무런 진전도 이루어질 수가 없다. 강영훈 전 총리도 다시 만났다. 강 총리는 일이 이렇게 된 것을 이해하려 들지 않았다. 위에서 그렇게 결정했는데 어떻게 말단에서 따라 주지 않느냐는 것이었다. 너무나 높은 곳에 계신 윗분들은 세상이 이렇게 엄청나게 바뀌었다는 사실을 잘 모르고 있었다.

그러다가 어느 날 강 총리로부터 급히 연락이 왔다. 당시 정국이 어려워지자 YS가 국가 원로들을 초청해 의견을 듣는 자리를 마련하고 있었는데, 강 총리도 초청을 받게 된 것이다. 강 총리는 청와대에 가면 이번 기회에 안 실장의 상속세 건을 건의하겠다는 것이었다. 나는 황급히 그간의 경위와 해결방안을 요약한 자료를 만들어 드렸다. 그러고는 다음날이 일요일이었는데, 그날 저녁 청와대로부터 연락이 왔다. 안치순 전 행정조정실장의 문제로 상의할 게 있다는 것이었다. 나는 이제 됐구나 싶었다. 그런데 다음날 청와대 관계비서관 얘기가 전혀 의외였다. 고 안치순씨 집이 굉장히 어렵다는데 무엇을 어떻게 도와주어야 하느냐는 것이었다. 강 총리의 설명이 부족했는지는 몰라도 YS는 문제를 제대로 파악하지 못한 채 지시를 내린 것이었다. 흔히 얘기되는 YS의 이해력의 수준을 엿볼 수 있는 대목이기도 하다. 아무튼 나는 또다시 청와대 관계자들에게 그간의 사정을 설명해야 했고, 급기야는 감사원에까지 협조 요청이 들어갔다. 그러나 아직도 세무서 담당자는 결심을 하지 못하고 있었다. 안심이 안 된다는 것이었다. 대통령이 나섰어도 실무자가 움직이지 않으면 일이 안된다는 것을 뼈저리게 느끼지 않을 수 없었다. 일은 또다시 교착상태에 빠졌다. 날짜는 하루하루 다가오고, 실무자는 세금을 부과할 수밖에 없다고 떼를 써댔다. 그러나 구세주는 막바지에 나타나는 법인가. 당시 국세청의 한 고위간부가 참다 참다 못해 직접 나섰다. 자기가 직접 기안하고 결재를 해서 처리하겠다고. 드디어 지루한 싸움이 끝나는 순간이었다. 미망인과 나는 악몽으로부터 해방된 기쁨의 눈물을 함께 흘렸다. 지나간 5년의 세월이 머릿속에서 주마등처럼 흘러갔다. 나도 공무원이지만, 정말 공무원들 너무 심했다. 감사가 무엇인지. 책임이 무엇인지. 대통령 끗발도 안 통하는 세무행정! 너 정말 대단하다!

혼령이 되어 사무실을 맴돌던 행정조정실장님

"사무실에 들어서는 나를 보고 여비서가 울음을 터뜨렸다. "울지 말아요. 이왕 이렇게 된 거 어떻게 하겠어요. 우리라도 의연하게 행동합시다"라며 달래자, 그녀는 흐느낌을 더하면서 의외의 말을 하는 것이다. "실장님이 인터폰을 하셨어요. 얼떨결에 받았는데 아무 얘기가 없어서 가만히 생각해보니 기가 막히는 거였어요. 너무 무서워요" 하는 것이 아닌가. 순간 나도 머리털이 쭈뼛 곤두서는 느낌이었다."

몇 년 전 〈사랑과 영혼〉이라는 미국영화가 공전의 히트를 치면서 시작된 귀신 이야기의 붐은 최근까지도 국내영화, TV 드라마, 서점가에서 계속되고 있다. 귀신 이야기는 우리 모두의 어릴 적 추억의 한 귀퉁이에 자리 잡고 있다. 요즘의 아이들도 옛날의 우리처럼 무섭다 무섭다 하면서도 귀신 이야기를 해달라고 조른다. 이불을 얼굴까지 잡아당기면서 은근히 공포의 클라이맥스를 고대하는 그 이중적 심리 상태는 우리 누구나 갖고 있는 경험일 것이다.

여기에는 추억 이상의 무엇이 있다. 과연 귀신은 있는가 하는 문제도 인류의 영원한 논쟁거리가 되고 있다. 과학문명이 아무리 발달했다 해도 영적인 세계에 대한 우리의 의문은 아직껏 만족할 만한 답을 얻지 못하고 있는 것이다. 나 개인적으로도 귀신의 존재, 영적인 세계의 존재에 대해서 논리상으로나 경험적으로나 반신반의해 온 것이 사실이다. 그러나 고 안치순 님의 사후 뒷얘기는 내게 '귀신은 있다'는 확신을 갖게 한 결정적인 계기가 되었다.

안치순 님은 제6공화국의 제2기 내각인 강영훈 내각이 들어서면서 국무총리 행정조정실장으로 부임했다. 제13대 대선 과정에서 민주정의당 정세분석실장으로 노태우 대통령 당선에 기여했고, 취임준비위의 행정실장으로 정권 출범 작업에 참여했던 그는 대통령 취임 직전에 뇌출혈로 쓰러졌다가 그 후 요양을 겸해서 이북5도청의 평북지사라는 한직에 머물러 있었다. 정치학 박사로서 숙명여대에서 교수를 지내기도 했던 그는 청와대 정무비서관과 강원도 부지사, 인천부시장, 경기도 부지사를 거쳤지만, 정통관료라기보다는 학자풍의 선비에 가까운 사람이었다.

그런 그가 행정조정실장으로 부임했던 시기는 우리 사회가 각계각층에서 거세게 터져 나온 자유화 바람으로 무질서와 혼란의 몸살을 앓기 시작할 때였다. 더구나 당시는 중간평가 유보 정국으로 인해 국가 리더십이 매우 취약해져 있을 무렵이었다. 노태우정부는 이러한 상황에 대응해서 '범죄와의 전쟁'이니, '공직기강확립'이니, '치안질서확립'이니 해서 국가공권력을 최대한 발동하고 있었다. 이러한 일의 야전군 총사령관격이 바로 국무총리 행정조정실장이라는 자리였다.

제6공화국은 청와대와 총리실의 관계가 매우 독특하게 정립된 시기라고 할 수 있다. 36.6퍼센트라는 매우 낮은 지지율로 당선된 노태우 대통령은 군부출신이라는 약점과 제5공화국으로부터 물려받은 수많은 정치적 부담에서 벗어나기 위한 방편으로 국무총리 중심의 국정운영을 내세웠다. 그리하여 웬만한 국가정책사업들은 총리실이 맡아서 추진하는 것으로 되었다. 그런데 여기서 유의할 점은 주요 국가사업은 총리실이 맡아서 추진하되, 결정권은 청와대가 갖고 일 자체와 책임은 총리실이 지는 것이라는 점이다. 다시 말해서 총리실은 청와대의 산하 집행기관 또는 사무국 역할을 수행하는 것이다. 그리고 이러한 관계는 문민정부로까지 이어진다. 예를 들어 세계화추진위원회에서는 청와대의 담당 비서관이 주요 과제나 정책추진 방향을 결정하되, 실제 집행업무는 총리실의 담당 조정관이 추진한다. 따라서 대통령과 국무총리의 법률상 권한 체계가 어떠하든 청와대와 총리실은 기획 감독기구와 집행기구라는 아주 독특한 관계를 형성하고 있는 것이다. 이 점은 행정법상으로나 행정학적으로 연구해볼 만한 부분이라고 본다.

아무튼 학자이자 선비인 안치순 실장은 어려운 시기에 어려운 일을 맡아서 그야말로 불철주야 업무에 시달리게 되었다. 당시 강영훈 국무총리의 솔선수범으로 공휴일도 반납한 채, 매일같이 이어지는 조찬회의로 새벽 별 보고 출근하여 저녁 달 보고 퇴근하는 날이 계속

되었다. 그러던 중 안 실장이 1990년 11월 19일 오후 6시 30분경 이미 퇴청하여 공관으로 가 있던 강영훈 국무총리에게 전화로 업무보고를 하던 중 심장마비로 사망하게 된다. 앞 얘기가 길어졌는데 이제 귀신 얘기로 들어가자.

안 실장의 고교 대학후배로서 비서관 노릇을 하던 나는 그분의 마지막 모습을 선연하게 기억한다. 하루 업무를 마무리하느라 분주하던 나는 무언가 갑자기 실장실의 분위기가 이상하다고 느꼈다. 특별한 이유는 없었지만 육감적으로 그랬다. 그래서 여비서로 하여금 안을 살짝 엿보도록 했다. 잠시 후 여비서가 호들갑스럽게 외쳤다. "비서관님! 이상해요, 실장님이 이상해요!" 나는 안 실장이 혹시 총리에게 전화로 대들기라도 한 줄 알았다. 그것 말고는 무슨 다른 일이 있을 수가 없다고 생각했다. 순간적으로 나는 실장님을 말려야겠다는 생각에 방으로 뛰어들어갔다. 그런데 방안에는 아무도 없는 것이 아닌가. 아니 이 양반이 어디로 사라졌나. 살펴보다 보니까 회의용 소파들 사이로 안 실장이 엎어져 있는 모습이 보였다. 쓰러지면서 탁자에 부딪혔는지 안경에 긁힌 이마에서는 피가 흐르고 있었다. 세상에 이게 무슨 일인가! 서둘러 몸을 부추겨 똑바로 뉘었을 때에는 이미 숨이 넘어가고 있는 상태였다. 급히 연락을 받은 직원들이 뛰어 들어와 인공호흡을 시도했으나 돌이킬 수 없는 상황이었다. 119가 달려와 인근의 육군지구병원으로 옮긴 후 최후의 소생작업이 시도되었으나 결국 허사였다. 잠시 후 부인이 달려오고 총리 내외분도 뛰어들어오셨다.

부근에 있던 육군지구병원에는 영안실이 없었으므로 시신을 인근 서울대학병원으로 옮겨 그곳에 빈소를 차렸다. 아직 11월이었으나 날씨가 몹시도 추워 한겨울보다 더했다. 가냘픈 체구의 미망인은 추위 속에서 오열하며 몇 차례 실신상태에까지 빠졌다. 보다 못한 총리 부인께서 미망인이 밤을 새우다가 무슨 일을 당할지 모른다며 일단 집으로 모시라고 해서 강제적으로 끌다시피 모셔갔다. 집으로 돌아와 잠자리에 누운 미망인이 잠이 올 리가 있겠는가. 그때 흐르는 눈물로 베개를 적시다가 비몽사몽 상태에 빠진 미망인에게 깜짝 놀랄 일이 벌어졌다. 슬그머니 안방 문이 열리더니, 망자亡子께서 떠다니는 듯한 걸음걸이로 들어서는 것이 아닌가. 그러고는 아내를 물끄러미 들여다보는 것이다. 반갑기도 하고 무섭기도 한 미망인이 소리를 쳤다. "여보, 한번 가신 분이 왜 여기 와서 그래요. 어서 가세요." 그러나 망자는 안타까운 표정으로 무슨 말을 하고자 했다. 이에 미망인은 안 되겠다 싶어 일어나 전등불을 켰고, 그러자 망자는 슬그머니 문밖으로 사라졌다. 더 이상 집에 누워 있을 수가 없게 된 미망인은 그 자리에서 일어나 다시 서울대학교 병원의 빈소로 달려나왔다.

아침이 되어 빈소를 다시 찾아온 총리 부인은 미망인의 초췌한 모습을 발견하고는 깜짝 놀라서 다시 강제로 끌다시피 육군지구병원으로 데리고 갔다. 그런데 미망인은 또 놀라운 애기를 듣게 된다. 링거 주사를 놓아주던 간호장교가 우물쭈물 무언가 하고픈 애기가 있는 눈치였다. "내게 무슨 할 애기가 있어요?" 하고 미망인이 묻자, 간호

장교는 이렇게 대답을 하는 것이었다.

"저는 돌아가신 분을 어제 처음 뵈었어요. 시신을 서울대병원으로 보낸 후 당직이었지만 몹시 지친 상태에서 잠시 잠을 청했습니다. 그런데 새벽녘에 그분이 꿈에 나타나는 것이었어요. 그러면서 '내가 집 사람에게 꼭 할 말이 있는데, 저 사람이 내 말을 들으려 하지 않으니 미안하지만 내 말을 아내와 아이들에게 꼭 전해달라'고 했어요. '나는 뜻을 높이 세우고 나라와 민족을 위해서 살았습니다'는 말씀이었어요. 그분은 그 말을 몇 차례나 당부하시면서, 내 손에 그 말을 써주시기까지 했어요. 그리고 잠을 깼는데 참으로 황당했어요. 이게 꿈인지 생시인지 그리고 그 말을 전해야 하는 건지, 또 전하려면 어떻게 해야 하는 건지 모두가 막막했어요. 그러고 있는데 사모님께서 이리로 오신 거였어요. 제가 얼마나 놀라면서도 신기했는지 아시겠어요?"

이제 정신이 퍼뜩 든 미망인은 다시 서둘러 빈소로 돌아왔다. 그러고는 주위 사람에게 부탁하여 '뜻을 높이 세우고 나라와 민족을 위해 살았노라'라는 글을 액자로 만들어 영정 옆에 세워 놓도록 하였다.

한편 전날 저녁 급히 사무실을 나온 나는 다음날 오후가 되어서야 사무실 일이 궁금해졌다. 물론 그동안 실장실 안에는 아무도 들어가지 못하게 하고 안 실장 순직 당시의 상태를 그대로 유지하도록 했었다. 사무실에 들어서는 나를 보고 여비서가 울음을 터뜨렸다. "울지 말아요. 이왕 이렇게 된 거 어떻게 하겠어요. 우리라도 의연하게 행동합시다"라며 달래자 그녀는 흐느낌을 더하면서 의외의 말을 꺼내놓

왔다. "실장님이 인터폰을 하셨어요. 얼떨결에 받았는데 아무 얘기가 없어서 가만히 생각해보니 기가 막히는 거였어요. 너무 무서워요" 하는 것이 아닌가. 순간 나도 머리털이 곤두서는 느낌이었다. 이게 도대체 무슨 얘기란 말인가. "세상에 그런 일이 어디 있어. 공연히 혼자 착각해놓고는 그러는 게 아니야?" 하고 되물었다. 그러나 그녀는 "아니에요. 저만 들은 게 아니에요. 옆방의 미스 오도 같이 있었단 말이에요"라며 계속 흐느꼈다.

이거 보통 일이 아니다 싶어 실장실을 들락거리며 키폰을 점검해 보았으나 아무 이상이 없었다. 나로서는 도무지 알 수 없는 일이었다. 거기다가 한 가지 더 이상한 일이 생겼다. 실장실을 몇 차례 들락거리다 깨달은 것인데, 내가 방 안을 들어설 때마다 '펑'하는 기계음이 들렸던 듯했다. 그래서 일부러 또 방을 들어서며 키폰을 쳐다보니까 '펑' 소리가 나면서 '메시지' 단추에 빨간 불이 들어오는 것이었다. 이건 또 뭔가. 본인이 안에 있다는 표시인가.

곰곰이 생각해보니 그냥 지나칠 일이 아니었다. 그래서 종합청사의 통신실장을 조용히 불렀다. 비밀을 전제로 그간의 자초지종을 상세히 얘기하고는 어떻게 하면 그런 일이 생길 수 있는지 알아봐 달라고 했다. 한 시간 가까이 이것저것 시설을 정비한 후 통신실장은 자기도 영문을 모르겠노라고 했다. '허 참 기가 막히다'는 생각에 한 번 더 봐줄 수는 없느냐고 간청했지만, 그는 해 볼 일은 다 해보았다고 화를 내며 나가버렸다.

일이 이렇게 되자 나는 생각을 바꾸기로 했다. '실장님이 여기 계신다, 얼떨결에 당한 일이라 본인도 어이없어 하시는 모양이다. 일단 여기 계신다 생각하고 모셔 드려야겠다.' 나는 나의 이런 생각을 여비서에게 설명하면서 장례가 끝날 때까지 평소와 같이 신문도 넣어 드리고, 차도 끓여 드리자고 했다.

마침내 안 실장은 국립묘지에 안치됨으로써 5일간의 장례가 모두 끝났다. 나는 그날 안 실장 댁에 초대되어 가족들과 함께 저녁 식사를 하게 되었다. 식사 전에 기도가 시작되었다. 가장을 떠나보낸 첫 저녁이기에 각자 기도가 길게 이어졌다. 그때 갑자기 둘째 아이가 소리 질렀다. "엄마, 나 아빠 봤어요. 기도 중에 아빠를 봤어요. 기도를 하고 있는데 하얀 계단이 눈앞에 나타났어요. 계단이 하늘로 끝없이 이어지는데 그 맨 위에 하느님이 엄청나게 큰 모습으로 앉아 계시는 거예요. 그리고 아빠가 하얀 옷을 입으시고 하느님 발에 기대어 웃으며 서 계시는 거예요. 아빠가 틀림없었어요." 그러자 외할머니가 와락 울음을 터뜨리며 말씀하시는 거였다. "맞아. 아빠가 맞아, 내가 그랬거든. 이보게 안 서방! 자네 아내와 아이들이 저렇게 슬퍼하고 있으니까 이제 자네가 하늘나라에 갔다는 것을 보여주게. 그래야 애들도 안심할 게 아닌가 하고 말이야."

안치순 님의 귀신 이야기는 이렇게 끝이 난다. 그 얘기들이 논리적으로 어떻게 설명되는지 나는 모른다. 그러나 모두 내가 생생히 겪은 일들이다. 그 이후로 나는 장례나 제사 같은 의식을 매우 중요하게 생각하게 되었다. 망자가 다 들여다보고 있다는 믿음 때문이다. 어떤 종교를 믿든 상관은 없다고 본다. 아무튼 안치순 님의 귀신 얘기는 우리에게 많은 것을 시사해준다. 최선을 다하는 성실한 삶의 전형이던 그분의 모습은 내가 항상 가슴에 새기고 있다.

이런 공직자들이 생각보다 많으며, 그런 면에서 우리 행정부는 희망이 있다고 나는 자신한다. 그리고 한편으로 복잡다단한 정국상황이 한 공직자의 목숨을 가볍게 앗아가 버릴 수 있다는 사실도 목도했다. 신문에 수시로 보도되는 공무원의 과로사過勞死에는 이렇듯 제 나름의 애절한 얘기가 숨겨져 있다.

당시는 〈사랑과 영혼〉이라는 영화가 대단히 인기를 끌고 있을 때였다. 나에게 있어서 안치순 님의 귀신 이야기는 그 영화와 마찬가지로 '무서운' 귀신 이야기가 아니라 '아름다운' 귀신 이야기로 언제까지나 남아 있을 것이다.

제 3 장

최고의 총리 최악의 총리

총리도 겪어봐야 안다

"흔히 어느 조직의 보스를 평가할 때 똑똑하고 부지런한 형, 똑똑하지 않으나 부지런한 형, 똑똑하고 게으른 형, 똑똑하지도 않고 게으른 형으로 나눈다. 물론 학문적인 기준은 아니고 재미로 해보는 이야기이다. 부하들의 입장에서 보자면 게으르고 똑똑한 보스가 단연 으뜸이며, 부지런하고 똑똑하지 않은 보스가 최악이다. 이런 기준으로 각자 자기 직장의 상사를 구분해 보면 술안주 감으로는 그만이다."

어디 가서 자기소개를 하다가 총리실에 15년 정도 근무했다고 하면 사람들은 몇 명의 총리를 모셨느냐는 말부터 묻는다. 제5공화국의 진의종 총리부터 국민의 정부 박태준 총리까지 열여덟 명이라고 대답하면 "그럼 우리나라는 총리의 평균 재임 기간이 1년도 안 되니…" 하면서 다음으로 누가 제일 낫냐고 물어온다. 참으로 대답하기 곤란한 질문이다. 이런저런 다양한 특징과 장단점이 있는 분들인데 거기서 누가 제일 훌륭하다고 말하기가 어디 쉬운 일인가. 그러나 최악의 총리가 누구인지는 분명했다. 하지만 그것 역시 여기서 밝힐 수는 없는 일이

정부		국무총리(재임기간)
제5공화국	서 리	유창순 (1982.1.4~1982.1.22)
	제15대	유창순 (1982.1.23~1982.6.24)
	서 리	김상협 (1982.6.25~1982.9.20)
	제16대	김상협 (1982.9.21~1983.10.14)
	서 리	진의종 (1983.10.15~1985.10.16)
	제17대	진의종 (1983.10.17~1985.2.18)
	권한대행	신병현 (1984.11.7~1985.2.18)
	서 리	노신영 (1985.2.19~1985.5.15)
	제18대	노신영 (1985.5.16~1987.5.25)
	서 리	이한기 (1987.5.26~1987.7.13)
	서 리	김정렬 (1987.7.14~1987.8.6)
	제19대	김정렬 (1987.8.7~1988.2.24)
노태우정부	서 리	이현재 (1988.2.25~1988.3.1)
	제20대	이현재 (1988.3.2~1988.12.4)
	서 리	강영훈 (1988.12.5~1988.12.15)
	제21대	강영훈 (1988.12.16~1990.12.26)
	서 리	노재봉 (1990.12.27~1991.1.22)
	제22대	노재봉 (1991.1.23~1991.5.23)
	서 리	정원식 (1991.5.24~1991.7.7)
	제23대	정원식 (1991.7.8~1992.10.7)
	제24대	현승종 (1992.10.8~1993.2.24)
김영삼정부	제25대	황인성 (1993.2.25~1993.12.16)
	제26대	이회창 (1993.12.17~1994.4.21)
	제27대	이영덕 (1994.4.30~1994.12.16)
	제28대	이홍구 (1994.12.17~1995.12.17)
	제29대	이수성 (1995.12.18~1997.3.4)
	제30대	고 건 (1997.3.5~1998.3.2)
김대중정부	서 리	김종필 (1998.1.4~1998.8.17)
	제31대	김종필 (1998.8.18~2000.1.12)
	제32대	박태준 (2000.1.13~2000.5.18)
	서 리	이한동 (2000.5.23~2000.6.28)
	제33대	이한동 (2000.6.29~2002.7.10)

다. 다만 글을 읽은 후에 누구나 추측이 가능하도록 쓸 수는 있겠다.

그 방법의 하나로 리더십의 네 가지 유형을 빌어 보겠다. 흔히 어느 조직의 보스를 평가할 때 똑똑하고 부지런한 형, 똑똑하지 않으나 부지런한 형, 똑똑하고 게으른 형, 똑똑하지도 않고 게으른 형으로 나눈다. 물론 학문적인 기준은 아니고 재미로 해보는 이야기이다. 부하들의 입장에서 보자면 게으르고 똑똑한 보스가 단연 으뜸이며, 부지런하고 똑똑하지 않은 보스가 최악이다. 이런 기준으로 각자 자기 직장의 상사를 구분해 보면 술안주 감으로는 그만이다.

부지런하고 똑똑한 유형으로는 노재봉, 강영훈, 이회창, 박태준씨를 들 수가 있다. 이 중에서 부지런으로 치자면 박태준씨가 단연 으뜸이었다. 특히 박태준씨는 내가 국가관을 세우는 데 모범이 되어 주었다. 그는 나라 안팎에서 일어나는 모든 일에 대해서 주인의식을 발휘하며 걱정을 그치지 않았다. 또 매사에 최고 기준을 고집했다. 나는 그런 모습을 보면서 '저 양반이야말로 국가관이 투철하구나' 하는 느낌을 받곤 했다. 물론 아랫사람들에겐 꽤 피곤한 유형이긴 하지만, 포철신화를 만들어낸 데는 그럴만한 이유가 충분히 이유가 있다고 수긍이 가는 사람이다.

똑똑하기로는 모두가 만만치 않은 분들이지만, 강영훈, 이회창씨를 총리로서 자기역할을 충분히 한 사람으로 꼽고 싶다. 다시 말해서 제도상으로 부여된 총리의 권한과 기능을 제대로 행사한 분들이라고 할 수 있겠다. 일이 안 되겠다 싶으면, 해당 장관을 불러다가 질책을 하기도 하고 대통령과 독대하여 해결책을 찾기도 하면서 자신들의 뜻을 관철해 나갔다. 언뜻 들으면 너무 당연한 얘기 같지만 실제로 그렇게 하는 총리가 드물었기 때문에 하는 소리다. 특히 이회창씨의 경우는 비록 짧은 재임 기간이었지만 그러한 이유로 총리실 직원들이 가장 신나게 일하도록 해주었다고 기억된다. 이 총리는 존재 그 자체로도 힘을 발휘하는 카리스마를 가지고 있었는데, 이것은 아마 그 사람의 살아온 역정이 그의 개성과 결합하여 몸으로 기화氣化된 결과가 아닌가 생각된다.

하지만 말이 일인지하 만인지상이지 대부분의 총리들은 의전총리 수준에서 크게 벗어나지 못했다. 대통령의 입장을 헤아려 알아서 처신하거나, 아예 정권의 실세들에게 굽실거리는 총리들도 적지 않았다. 자기 밥그릇을 지키는 것이 곧 자존심과 자긍심의 문제라고 할 때, 그렇지 못한 총리들은 자신의 역할보다는 자리 그 자체에 만족하는 정도의 사람들이었다고 평가할 수밖에 없다. 1990년대 초 남북총리회담 당시 정원식 총리가 북한의 연형묵 총리에 대해서 이름만 총리지 당 서열이 10위도 안 되는 사람이라고 평한 적이 있다. 그 말을 들으면서 이런 생각을 했다. '그건 남한도 똑같지 않나?'

게으르고 똑똑한 유형으로 이홍구, 이수성, 김종필씨 등을 들 수 있다. 아랫사람들이 제일 반기는 유형이다. 이홍구 총리는 사람이 좋기로 으뜸이었다. 사람이 너무 좋다 보니 아랫사람들에게 미안해 제대로 일을 못 시킬 정도였다. 그런 분에게 당 대표를 맡기고, 대선 후보

중 한 사람으로 올려놓았으니 개인적으로는 참 힘들었겠다고 생각된다. 이수성 총리는 정치권의 경험이 전혀 없음에도 불구하고 다른 건 몰라도 정치력 하나만은 대단했던 것 같다. 다 알다시피 대한민국에서 둘째가라면 서러워할 마당발로서 각계각층에 지인들이 깔려있었기 때문에 가능했을 것이다. 김종필 총리는 누구나 잘 아는 분이니 특별히 얘기할 것도 없다. 다만 정치를 그렇게 오래 했음에도 불구하고 주변관리가 너무 허술하다는 게 정말로 의외였다.

나머지 유형에 대해서는 당사자들이 듣기에 거북할 것 같아 직접 거론하지는 않겠다. 다만 일반적인 생각과 달리 학자 출신 총리들은 공무를 수행하는 데는 무능한 경우가 많다. 그중에 한두 분은 교수 시절에도 공부하고는 담을 쌓고 산 분들이다. 강의시간에는 거의 잡담으로 일관하고, 그나마 대부분이 휴강이었던 것으로 알고 있다. 나는 이런 분들을 공직에 기용해서는 안 된다고 생각한다. 자기 기본 임무마저 소홀히 하며 살아온 분들에게 어떻게 나랏일을 맡길 수 있다는 말인가. 또 어떤 학자 출신 총리는 자신의 신앙심을 모든 일의 기준으로 삼아서 편협하다는 느낌을 주는 동시에 주위 사람을 답답하게 만드는 경우도 있었다. 당시 청와대에서 불상을 파괴했다는 얘기가 나돌았었다. 간부회의에서 누군가 여론이 나쁘다고 얘기하자 "믿지 않는 사람들이 그러는 거예요!"라며 역정을 내는 모습을 본 적이 있다. 지성과 야만이 교차하는 발언으로 기억되리라. 자기는 하나님에게 충성하고 하나님이 자기를 사랑하시니까 항상 자기는 옳다는 식이었다.

또 어떤 분은 일찍이 높은 관직에서 시작하여 화려한 경력을 쌓았고 차기 대권주자로 거론되기까지 했지만, 최근 코스닥 시장에서 볼 수 있는 거품 그 자체라 할 수 있는 분도 있다. 그는 총리라는 자리에 비해서 너무 작고 사소한 일에 매달렸다. 대통령과의 대화자료를 만들어 가면, 글자를 고치는 데 하루종일 걸렸다. 심지어는 이 글자는 키우고, 이 글자는 굵게 하라는 정도까지 표시해 주었다. 그 내용이란 것도 어제 어느 행사에 갔었다는 지극히 실무적인 얘기들이 대부분이었다. 또 이분은 지나치게 자기관리에만 신경을 써, 주변에 따르는 사람이 별로 없다. 쉽게 말해서 '모르는 사람은 좋아하는데 아는 사람은 싫어하는' 유형의 전형이다.

화려한 군, 관, 재계 경력을 거론하여 자기 자기자랑을 그치지 않던 어떤 분은 총리실 직원들에게는 기억하기조차 싫은 최악의 총리로 회자되고 있다. 전혀 쓸모없는 일을 가지고 직원들을 들들 볶아대기 때문이다. 배가 침몰해서 많은 사람들이 실종됐을 때 사태를 원만하고도 신속하게 처리하기 위해 어떻게 할 것인가를 고심하는 게 아니고, 몇 명이 죽었냐, 시체가 몇 구 발견됐느냐를 가지고 닦달한다. 심지어는 시체가 갑판에서 나왔는지, 몇 층 선실에서 나왔는지 구분해 달라고 하여 사람들을 아연실색게 한 적도 있다. 언젠가 토요일에는 점심시간 직전에 '전 직원 2시까지 안양천에 집합하여 대청소 실시'라는 지시를 내려 모든 직원이 치를 떨었던 기억이 난다.

모시던 분을 비평하는 것이 옳은 일인가 의문이 들기도 했지만, 이런 분은 정말이지 안 된다는 생각이 들 때가 많았다. 사람은 곁에서 겪어봐야 안다고, 직접 겪어본 사람이 안 겪어본 사람보다는 좀더 정확하게 얘기할 수 있으리라는 것이 내 생각이다. 그런 뜻에서 조금은 위험한 이야기이지만 용기를 내어 정리를 해 보았다. 혹시 이 글로 마음을 다치게 되는 분이 있다면 스스로를 돌아보는 계기라 생각하고 너그러이 용서해 주시기를 바랄 뿐이다.

역대 총리들의 사적인 면모들

공관 식구들이 우물쭈물하자 이내 범인이 사모님이란 걸 알아차린 김 총리로부터 불호령이 떨어졌다. 평생을 부끄러움 없이 살아왔는데 하루아침에 명예에 먹칠하려고 그러느냐면서 집으로 보낸 코냑 잔을 당장 공관으로 원상복귀시키라고 소리를 질렀다. 김 총리 재임 기간 동안 그렇게 화를 내는 모습은 처음이었다는 것이 주변의 얘기였다.

김상협 국무총리의 뒤를 이어 제5공화국 제4기 내각을 맡은 진의종 총리(1983.10.15~1985.2.18)는 재임 도중 중풍으로 쓰러져 등청을 못한 채 장기간 공관에서 요양을 하다가 결국은 완쾌를 못 하고 퇴임했다. 금감위원장과 재경부 장관을 지낸 이헌재씨의 장인이고, 따님은 화가로 활동하고 있다. 진 총리의 발병에 대해 전하는 얘기가 있다. 진 총리는 취임하자마자 바로 집무실 안의 집기 배치를 바꾸었다. 남쪽을 향해 책상을 놓는 것이 통례인데, 이분은 북쪽을 향해 돌려놓은 것이다. 소위 '임 향한 자세'로 앉겠다는 뜻이었다. 그런데 북쪽을 향해 앉으면 몸의 기의 흐름에 이상이 생겨 문제가 생긴다는 속설이 있다며 진 총리의 발병은 그것이 입증된 경우라고 주장하는 사람도 있었다.

외무부 장관 출신의 노신영 총리(1985.2.19~1987.5.25)는 안기부장을 하다가 바로 총리가 된 유일한 경우이다. 그만큼 상당한 힘을 가지고 총리에 취임을 했다. 노태우씨를 제치고 후계자가 될 것이라는 소문이 떠돌 정도였다. 노 총리는 엘리트의식이 아주 강해서 학력과 경력이 시원치 않은 사람은 잘 인정을 하려 하지 않았다. 쉽게 말해서 아주 까다로운 사람이라고 할 수 있다. 특히 기억에 남는 것은 외무부 차관을 지낸 반기문씨가 당시 의전비서관이었는데, 그 까다로운 총리의 총애를 받을 정도로 일을 잘해 주변으로부터 존경의 대상이었다. 그리고 역시 그 실력이 어디 가나 할 정도로 외무부에서 승승장구했다.

이한기 국무총리 서리(1987.5.26~1987.7.13)는 박종철 고문사건으로 정국이 요동을 칠 때 민심수습차원에서 총리로 발탁이 되었다. 그러나 지병인 당뇨 때문에 매일 의사의 진찰을 받은 후 등청을 할 정도로 건강이 몹시 나빴다. 결국은 어지러운 시국현안으로 고통만 겪다가, 6·29 선언 이후 48일 만에 서리 꼬리도 떼지 못한 채 사임해야 했다.

제5공화국의 마지막 총리였던 김정렬 총리(1987.7.14~1988.2.24)는 전형적인 군 출신답게 매우 곧은 사람이었다. 시간관념이 어찌나 정확했던지, 매일 아침 골프연습을 하는데 반드시 공을 여섯 개만 치고 시간도 6시 50분에서 단 1분을 초과하지 않을 정도였다. 마지막 총리였기 때문에 퇴임날짜가 정해져 있었던 셈인데, 퇴임을 앞두고 이삿짐을 옮기면서 벌어진 에피소드 한 토막을 소개한다. 김 총리는 매일 저녁 식사 후에 코냑을 한 잔씩 드시기 때문에, 보기도 좋고 소리도 은은한 크리스털 코냑 잔 여러 개를 공관에 총리실 예산으로 구입해 비치해두었다. 그런데 김 총리의 부인이 총리가 애용하던 잔에 애착을 느꼈던지 임시로 쓸 잔 두 개만 남기고 모두 이삿짐으로 부쳤다. 그날 저녁을 마치고 여느 때와 같이 코냑을 찾으시던 김 총리가 잔이 두 개만 남은 것을 발견하고 금세 얼굴빛이 변했다. 공관 식구들이 우물쭈물하자 이내 범인이 사모님이란 걸 알아차린 김 총리로부터 불호령이 떨어졌다. 평생을 부끄러움 없이 살아왔는데 하루아침에 명예에 먹칠하려고 그러느냐면서 집으로 보낸 코냑 잔을 당장 공관으로 원상복귀시키라고 소리를 질렀다. 김 총리 재임 기간 동안 그렇게 화를 내는 모습은 처음이었다는 것이 주변의 얘기였다.

노태우정부의 초대 총리를 지내던 서울대 총장 출신의 이현재 총리(1988.2.25~1988.12.4)는 보통사람의 시대에 어울리는 매우 소탈하고 서민적인 총리였다. 직원들의 입장에서는 총리라기보다는 아버지와 같은 느낌이 들 정도였다. 이 총리뿐만 아니라 사모님과 미혼인 세 아들 모두가 소박하고 예의 바른 모범적인 가정의 일원들이었다. 이 총리는 너무나 검소해서 양복도 한 벌, 구두도 한 벌 그야말로 단벌신사였다. 그리고 이 총리 내외분은 손님이 오면 누구든 가리지 않고

대문 밖까지 배웅을 했다. 자식들도 절대로 관용차량을 이용하지 못하게 했다. 다만 총리가 장관은 물론 말단 직원들에게까지 너무 예를 갖추다 보니까 영令이 잘 서지 않는 폐해도 있었다. 소위 '군기가 빠졌다'는 얘기다. 반면 이 총리는 충청도 양반이라서 그런지 부인에게는 매우 가부장적으로 대하는 것으로도 유명했다. 실례로 국제적인 공식행사 외에는 부인을 동반하는 일이 거의 없었다.

강영훈 총리(1988.12.5~1990.12.26)는 잘 알려지지 않았지만 훗날의 이회창 총리 못지않게 모든 것을 법대로 한다는 원칙 속에서 행정부를 장악해 나갔다. 그리고 자리에 연연하지 않겠다는 의지가 강해, 사표를 써서 집무실 책상에 넣어 놓고 일을 했다. 재임 중에 세 차례나 사표를 제출했던 것으로 기억된다. 당시 여당대표, 안기부장, 청와대비서실장이 참석하는 4자 회동이 정례적으로 있었는데, 민자당 대표였던 김영삼 전 대통령과 여러 차례 마찰을 빚기도 했다. 또 체육부 장관이던 정동성 의원이 북한에 가서 술을 먹고 추태를 부린 일이 있었는데, 강 총리가 정 장관을 공관으로 불러서 밖에까지 들릴 정도로 혼을 냈던 일화도 있었다. 그러면서도 이분은 민주적인 의식이 뚜렷해서, 어떤 회의건 반대의견이 있으면 납득을 시키고 여러 사람이 모두 동의해야만 다음으로 넘어가곤 했다. 강 총리는 이처럼 소신과 강한 개성을 갖춘 반면에 인간적으로는 매우 소탈하고 정이 많아서 TV를 보면서도 자주 눈물을 흘렸다. 남북총리회담을 위해 북한으로 떠날 때는 서동권 안기부장이 가지고 온 격려금을 직원들에게 모두 나누어주고 가기도 했다.

청와대비서실장 출신으로 처음 총리가 된 노재봉 국무총리(1990. 12.27~1991.1.22) 역시 개성이 강한 총리 중의 하나였다. 전형적인 경상도 사나이답게 소탈하고 선이 굵었으며 각 방면에 재주가 뛰어난 팔방미인이었다. 붓글씨 솜씨가 대단해 청와대 부속건물을 새로 지우면 현판 글씨를 써달라는 의뢰가 들어올 정도로 명필이었다. 피아노 연주 솜씨도 수준급이어서 공관에 야마하 피아노를 들여다 놓기도 했다. 얼핏 차가운 외모와는 달리 낭만적이고 속정이 깊은 사람이었다. 주말이면 양주를 들고 나가서 친구들을 만나곤 했는데, 의전비서관도 어디에 있는지를 모를 정도였다. 일요일에는 하루종일 비디오를 보기도 하고 이것저것 잔일을 직접 하는 경우도 있었다. 어느 날 공관에 걸린 그림의 위치가 모두 바뀐 적이 있는데, 알고 보니 손수 못을 박아서 배치를 다시 해 놓은 것이었다. 당시에 후계자설이 퍼져 있어서 기자들이 유난히 많이 들락거렸다.

정원식 국무총리(1997.5.24~1992.10.7)는 외모와는 다르게 몹시 꼼꼼하고 치밀한 성격이었다. 가까이 모시는 사람들이 옷이나 일상용품, 그리고 음식까지 특정물품으로 세세하게 챙겨야 했다. 이북 출신이라서 그런지 국수를 즐겨 먹었는데, 하루는 퇴근 무렵에 공관으로 총리께서 성북동 칼국수를 찾는다는 연락이 왔다. 그날 당번 직원은 국수가 불어터지는 것을 막기 위해서 성북동 음식점에서 냄비에 칼국수를 담자마자 신호를 무시하고 달려오다가 무단 횡단하는 행인 때문에 급브레이크를 밟는 바람에 그만 국수를 쏟고 말았다. 급한 김에 인근에 있는 안동칼국수 집에서 다시 만들어 날랐는데 다행히 맛있게 먹었다고 한다. 물론 그 후로는 안동칼국수가 성북동 칼국수로 둔갑하여 공관을 들락거렸다. 그만큼 정 총리는 밀가루와 깊은 인연이 있다고 할 수 있다. 다 알다시피 취임 직후 외국어대학에서 학생들에게서 밀가루 세례를 받는 바람에 강경대 사건으로 위기에 몰린 정국을 일거에 전환시킨 적이 있다.

선거 중립 내각으로 등장한 현승종 총리(1992.10.8~1993.2.24)는 산을 좋아해서 등산총리로 기억된다. 한시적인 총리였던 만큼 가장 마음 편하게 총리를 지낸 분일 것이다. 하루는 내외가 공관을 산책하다가 전직 총리들이 기념식수를 한 것을 보고, 우리도 무엇하나 남겨 놓아야 되지 않겠나 해서 11월25일에 주목으로 기념식수를 했다. 공관에 식목일이 아닌 날 식수를 한 최초의 총리로 기록될 것이다.

문민정부 초대총리인 황인성 국무총리(1993.2.25~1993.12.16)는 역대로 직원들을 가장 힘들게 했던 국무총리라고 할 수 있다. 공관 입주를 앞두고 준비를 하면서 오래된 카펫을 바꾸었는데, 공관을 둘러보던 황 총리가 이를 보고 예산 낭비하지 말고 원상복귀 하라고 해서 이전 것을 다시 깔아야 했다. 이래서 결국은 예산만 7백여만 원 낭비하고 말았다. 총리 공관에 입주해서는 대통령이 칼국수를 먹으니 나도 수제비를 먹겠다고 해서 직원들이 삼청동 수제비집을 숱하게 다녀야 했다. 또 예산을 절약한다고 모든 행사를 종래의 주문식 뷔페에서 직접 조리로 바꾸라고 해서 공관원들이 밤낮으로 고생을 했다. 그런데 그릇과 테이블 등을 별도로 준비하느라 고생은 고생대로 하고 예산도 전혀 절약하지 못한 것이다. 행사 장소도 삼청당에서 하라고 해서 그곳에 준비를 하면, 다시 본관에서 하라고 해서 옮겨 놓았더니 또다시 삼청당에서 하라고 해서 원위치시키는 일이 한두 번이 아니었다. 그래서 그다음부터는 아예 양쪽에다 준비를 하곤 했다. 황 총리는 취임 후 퇴임 때까지 한 번도 거르지 않고 대통령께 문안전화를 했다. 명절 선물도, 대부분의 총리는 전직 총리에게만 보내는데, 황 총리의 경우는 청와대의 부속실 직원에까지 일일이 챙겨 보내게 했다. 청와대에서 전화가 오면 "예, 각하"하면서 몸까지 굽실대어 직원들이 민망해하기도 했다.

우루과이라운드UR 파동으로 인한 정국위기의 타개책으로 등장한 이회창 국무총리(1993.12.17~1994.4.21)는 4개월여밖에 안 되는 짧은 재임 기간이었지만, 가장 강렬한 인상을 남기고 떠난 총리였다. 외모가 깐깐해 보이고 말수도 적은 편이어서 매우 차가운 인상이지만, 곁에서 겪어본 이들에게는 속정이 아주 깊은 사람으로 남아 있다. 흔히 차가운 사람이라고 평들을 하지만, 이보다는 차라리 수줍음이 많다고 하는 편이 더 맞을 듯하다. 사람을 만나도 "얼굴 좋아졌네…" 하는 따위의, 마음에도 없는 허드레 말을 거의 못하고 그냥 고개만 끄떡이는 식이다(물론 정치를 하고부터는 많이 달라진 것으로 알고 있다). 하지만 자존심만은 누구에게도 뒤질 수 없이 대단했다. 많은 총리들이 안기부장이나 청와대비서실장이 오면 상석에서 내려와 마주 앉곤 했는데, 이 총리는 그런 법이 없었다. 깍듯이 존대하고 공손하게 마중 또는 배웅을 하면서도 총리로서의 위신이 흐트러지는 일은 절대 하지 않았다. 그러다 보니 상대방을 압도하는 카리스마가 자연스럽게 흘러나오는 것 같았다. 그래서 그런지 이 총리 앞에서는 어떤 국무위원도 담배를 못 피웠다고 기억된다. 이 총리가 사표를 내던 날은 전국 각지에서 수도 없이 많은 격려와 위로 전화가 쏟아졌다. 아마 총리실 역사상 한날에 그렇게 전화가 많이 오긴 처음이었을 것이다.

이회창 사표 파동으로 얼떨결에 총리를 맡은 사람이 이영덕 국무총리(1994.4.30~1994.12.16)이다. 이 총리는 온유한 성품을 지녔으면서도, 전형적인 외골수 기독교인으로서 종교적으로는 매우 편협한 면모를 보이기도 했다. 이 총리는 총리직을 맡게 된 경위를 늘 이렇게 얘기하곤 했다. YS로부터 전화가 와 "총리를 좀 맡아 달라"고 해서, 이회창 총리를 다독거려 달라는 얘기인 줄 알고 주저 없이 "예, 알겠습니다" 대답을 했는데, 아무래도 이상해서 곧바로 청와대로 올라가 "못 맡겠다"고 하니까 대통령이 대꾸도 않고 팔짱만 끼고 있더라는 것이다.

이 총리는 냉면총리로 유명하다. 냉면을 얼마나 좋아하는지 공관에서 아예 냉면 기계를 구입하여 쓰기까지 했다. 총리가 주재하는 행사는 무조건 냉면이었으며, 어떤 때는 일주일 내내 냉면으로 때운 적도 있었다. 그런 탓에 어떤 직원은 냉면 냄새만 맡아도 머리가 아프다고 털어놓기도 했다.

성수대교 붕괴 사고로 인한 민심 수습차원에서 발탁된 이홍구 국무총리(1994.12.17~1995.12.17)는 성품상으로는 최고의 총리였다고 말할 수 있다. 학자출신답게 합리적이고 부드러우며, 영국신사 같은 매너가 만점이었다. 항상 긍정적이어서 화를 내는 법이 없고, 매사에 서두름 없이 여유롭게 일을 처리했다. 음식 투정은 물론 모든 일에 투정하는 법이 없었다. 그런가 하면 수줍음을 많이 타서 사모님이 안 계시는 동안은 일하는 아주머니를 제대로 못 불러서 휘파람을 불고 다녔다. 일어났다고 불고, 아침밥 달라고 불고, 출근하겠다고 부는 식이었다. 이 총리를 얘기하자면 부인 얘기를 안 꺼낼 수 없다. 이 총리 부인은 이 총리와는 달리 매사가 적극적이고 활달한 성격이었다. 웬만한 일도 사람을 시키는 법도 없었다. 못도 직접 박고 드라이버도 직접 돌리고 자재도 손수 구해서 직접 작업을 했다. 총리로 취임하기 전에 사택의 지붕을 고칠 일이 있어서 이 총리한테 올라가 보라고 했더니 몇 계단 올라가다가 다리가 후들거린다며 내려와 버려서, 결국 부인이 올라가 고치고 말았다는 뒷얘기도 있다.

역대 총리 중에서 가장 인간적인 총리였다고 할 수 있는 이수성 국무총리(1995.12.18~1997.3.4)는 특유의 친화력과 보스 기질과 소탈한 성격으로 사람을 끄는 힘이 대단했다. 말단 직원과도 격의 없이 대화를 나누며 항상 깊은 관심을 쏟아주었다. 인사를 하면 그냥 받는 일이 없고, 상대방의 이름을 부르거나 어깨를 두드려 주면서 부모님의 안

부까지 묻곤 했다. '당대 최고의 마당발'이라는 명성이 거저 얻어진 게 아니라는 생각이 들 정도였다. 흔히 어떤 이들은 이 총리의 형태가 너무 정치적이라고도 하지만, 천성적으로 가슴이 뜨거운 사람이라는 사실만은 부인할 수 없을 것이다. 전화를 걸 때는 수첩을 보는 법이 없는데, 3천 개 정도의 전화번호를 외우고 있다니 놀라지 않을 수 없다. 사적인 행사 때는 종종 "총리실은 돈이 없으니까, 자네들이 내게"라며, 친구나 친척들에게 부담케 하기도 했다. 퇴청하여 공관으로 돌아온 후에는 항상 한복으로 갈아입고 흰 고무신을 신고 산책을 즐겼다. 또 시간이 나면 플루트를 불곤 했는데, 심기가 불편할 때 특히 자주 불었던 것 같다. 남자뿐 아니라 여자들에게도 참 잘 대해주는데, 유독 부인에게는 무척 엄격하고 보수적이었다. 이를테면 퇴청해서 부인이 없으면 야단이 난다. 하루는 부인이 신은 스타킹이 마음에 안 들었던지 당장 벗으라고 소리를 지른 적도 있었다. 부부동반 행사 때마저도 부인을 주빈석에 앉지 못하게 해 주위를 무안하게 할 때가 많았다. 한편 공식적으로는 항상 부정했지만, 주변에서 일하는 사람들에게 "우리 나중에 또 함께 일할 날이 꼭 있을 거야"라며 대권에의 큰 뜻을 내비치기도 했다.

문민정부 마지막 총리를 지낸 고건 국무총리(1997.3.5~1998.3.3)는 직업관료 출신답게 매사가 조심스럽고, 꼼꼼하며, 항상 상사(대통령)의 입장을 깊이 헤아리며 처신을 했다. 그러나 술은 청탁을 불문하고 잘 마셨는데 특히 생맥주를 좋아했다. 하지만 자기관리에 엄격해서

술 때문에 실수하는 일은 결코 없었다. 고 총리는 이처럼 자기관리가 너무나 철저한 만큼 인간미가 없다는 평가를 받기도 했다.

국민의 정부에 와서 또다시 총리를 지낸 김종필 국무총리(1998.3.3~2000.1.12)는 공사 생활이 너무 잘 알려졌기 때문에 특별히 할 얘기는 없다. 다만 험난한 정치역정을 걸으면서도, 또 살벌한 정치판의 한가운데에 서 있으면서도 인생을 충분히 즐기면서 살아가는 사람이었다. 쉽게 말해서 누가 뭐라 해도 할 건 하고, 놀 때는 놀고, 즐길 건 즐기면서 사는 풍류객이라고나 할까. 어떻게 보면 3김 중에서 가장 행복한 사람일지도 모른다. 목표를 행해서 많은 걸 포기하며 일로매진해온 YS나 DJ에 비해서 누릴 건 다 누리면서도 즐길 건 다 즐기는 JP가 진정한 승자가 아닌가 하는 얘기다. 더군다나 늘 상대적으로 적은 지분으로 필요 이상의 실리를 취했다는 점에서 최소의 비용으로 최대의 이익을 얻는 '경제적인 정치'를 해온 JP가 훨씬 효율적인 정치가가 아닐까 싶다. 염치고 체면이고 따지지 않는다면 말이다.

국민의 정부 제2기 내각을 맡은 박태준 국무총리(2000.1.13~2000.5.18)는 깔끔하고 철저한 공인의 모습을 갖춘 모범적인 공직자였다. 행동이나 사고방식이 다소 올드패션이긴 하지만 늘 최고기준을 고집하며 매사가 진지하고 철저했다. 차를 타며 길을 달릴 때에도 무심코 지나가는 법이 없이 무언가 잘못된 일이 없는지 유심히 살펴보는 스타일이다. 어찌 보면 제2의 박정희라는 느낌이 강하게 드는데, 박 대통령이 이래서 그를 좋아했다고 본다. 자기관리와 주변관리가 깨끗

해서 주위에 반듯한 사람들이 많았는데, 가정관리만은 실패를 해서 결국은 가정일이 빌미가 되어 불명예스럽게 퇴진하고 말았다. 아무리 철저한 사람도 집안일만은 어쩔 수 없는 모양이다.

역대 총리들의 사적인 면모를 더듬다 보면 부인의 역할과 비중이 매우 크다는 것을 알 수 있다. 하지만 이 자리에서 부인들에 관한 언급을 하지 않은 데에도 이유가 있다. 의외로 부정적인 얘기들이 많아서, 이런 얘기를 꺼내다 보면 해당되는 총리들의 이미지에도 치명적인 해를 끼치게 될 것 같아 차마 다루지 못했다. 그리고 총리들에 대한 언급도 긍정적인 면을 쓰긴 쉽지만, 부정적인 면은 차마 쓰기가 어려웠다. 나 역시 조선 사람인지라 온정주의에서 벗어나지 못하는 것이다. 역대 총리들을 회고해 보면서 느낀 점 하나는 대부분의 총리들이 직속상관인 대통령들보다 자질과 인품이라는 면에서 늘 앞서 있다는 점이다. 아마 조선시대 때의 역대 재상들도 대부분 임금보다 자질과 인품에서 더 나았을 것이다. 왕도와 패도의 논쟁은 그래서 지금까지 이어지는 것인가.

이회창 총리 사표 파동의 전말

"어떻게 하실 겁니까?"

"뜻을 관철 시켜야지."

"그러면 사표를 써야 할 상황이 올지도 모르겠습니다."

"그렇다면 사표를 내야지."

1994년 4월 21일 이회창 총리가 사표를 던졌다. 총리 취임 후 4개월이 채 지나지 않은 시점이었다. 대한민국 역사상 총리가 사의를 표명한 적은 많지만, 직접 사표를 제출한 것은 최초의 일일 것이다. 이 총리의 사표 제출은 온 나라가 들썩거릴 정도로 당시의 정국에 엄청난 파장을 몰고 왔다. YS는 이 일로 심각한 정치적 타격을 받았으며, 정권 출범 후 80퍼센트 이상의 국민적 지지를 받으며 '잘 나가던' 문민정부는 정확하게 이 시점을 기준으로 내리막길을 걷게 된다. 당시 개혁의 간판스타요 사정의 기수로 기대를 모았던 이회창 총리의 사표 파동은 YS나 이 총리 개인은 물론이고 우리 국민 모두에게 매우 불행한 일이었다. 자신만만하게 국정을 밀고 나가던 YS의 기가 결정적으로 꺾이게 되는 계기가 되었으며, 이 총리로서는 본의 아니게 험난한 정치역정에 발을 딛게 되는 단초가 되었고, 국민들로서는 우리 헌정사상 가장 큰 기대를 걸었던 내각이 단명으로 끝나게 되는 사건이었기 때문이다.

나는 개인적으로 이 총리의 사표 파동의 현장에 있었던 한 사람으로서 당시의 사건 전말을 생생하게 기억하고 있다. 한마디로 말해서 참으로 긴박하면서도 안타까운 순간이었다. 돌이켜 보면 두 당사자는 물론이고 당시 주변에 포진했던 많은 사람들이 조금만 현명했더라면 하는 아쉬움을 남긴다.

그런데 최근에 나온 YS 회고록에 다시 사건의 경위가 실렸다. 언론들은 이 총리가 한 번만 더 기회를 달라고 사정을 했는가 하면, 야단을 맞고 나가면서 출입구를 못 찾아 허둥대었으며, 청와대에서 경질을 공표하기 전에 사표를 쓴 것처럼 언론 플레이를 했다는 내용을 주요 골자로 발췌하여 보도했다. 그 기사들을 읽은 나의 심정은 착잡했다. 어찌 보면 우리나라 정치사에 한 획을 그은 사건이라고 할 수 있는 일을 두고, 한 나라의 대통령까지 지낸 분이 그토록 가벼이 일방적으로 또 의도적으로 기술할 수 있을까 하는 느낌이 들었다. 그래서 언젠가 기회가 오면 당시 사건의 전말을 나름대로 정리해 보아야겠다고 생각해오던 차에 이번에 그것을 기록으로 남기겠다는 결심을 하게 된 것이다.

거슬러 올라가 보자. 이회창 당시 감사원장이 국무총리로 전격 발탁되게 된 것은 YS도 회고록에서 밝혔듯이 우루과이라운드 사태에 따른 국정분위기를 쇄신하기 위해서였다. 정권 출범 이후 하늘을 찌를 듯 인기를 구가하던 김영삼 대통령은 우루과이라운드 사태를 맞아 집권 후 최초의 위기에 직면하게 되었다. 쌀 수입개방이란 있을 수 없다고 공언해버린 김 대통령은 우루과이라운드의 드높은 파도에 밀려 진퇴양난의 입장에 빠져 버렸다. 그러나 YS는 특유의 저돌성을 발휘해 위기를 돌파한다. 우루과이라운드 사태의 책임을 물어 황인성 국무총리를 전격 경질하면서 국민들의 의표를 찌르고 이회창 총리라는 깜짝 카드를 사용한 것이다. 지금은 많이 퇴색해버렸지만, 당시만 해도 이회창이란 인물은 대쪽과 원칙, 청렴결백의 상징이었다. 혼탁한 세상에서 국민이 기대해볼 만한 희망이라고 할 수 있었다. 그런 그를 총리로 임명하자 우루과이라운드 사태로 야기된 국정의 난맥상과 YS정권의 위기감이 일거에 수그러들었다. 그러면서도 많은 국민들은 한편으로 무언가 불안한 마음을 지우지 못했다. 과연 YS가 이회창과 잘해낼까? 기가 세기로는 선수인 두 사람이 서로에게 그렇게 호락호락할까? 과거로부터 자유롭지 못한 현 집권 세력과 이회창의 자존심이 맞부딪친다면 어떻게 될까? 어찌 보면 살얼음판을 걷는 모습을 보는 기분이었다고도 할 수 있다.

실제로도 이 총리 취임 후 정부 여당에 있던 당시의 많은 실력자들은 그의 눈치를 보았다. 언제 터질지 모르는 시한폭탄이라는 생각에서였을 것이다. 그러다 보니 안기부장이 총리실 간부들에게 저녁을 사는 등 예전에는 없던 일도 많이 생겼다. 당시 상도동계 출신인 서청원 정무장관은 '이회창맨'이라고 불릴 정도로 총리를 극진히 모셨다(물론 궁극적으로는 YS를 위해서였겠지만). 역대로 총리의 위상이 그렇게 높아 본 적이 없었다. 장관들은 흔히 사후보고를 하거나 생략하기 일쑤인 주요 현안보고를 대통령 보고에 앞서 꼬박꼬박 챙겨야 했다. 총리실 직원들도 이때야 비로소 일할 맛이 났다. 각 부처에 자료를 요구하면 과거와 달리 척척 들어왔다. 그러나 한편으로 총리에 대한 견제도 그만큼 많아졌다. 특히 권력기관들이 어느 때보다도 총리의 일거수일투족을 예의 주시했다. 총리 자신도 이러한 주위의 움직임에 민감해질 수밖에 없었다.

그러다가 드디어 염려하던 일이 현실화되기 시작했다. 살얼음판에 금이 가는 일들이 발생한 것이다. 관변단체 지원을 중단한다는 발표가 그 첫 번째라고 할 수 있다. 관변단체 문제는 국회만 열리면 야당에서 들고 나오는 단골 메뉴 중의 하나인데, 이 총리가 관변단체에 대한 지원중단을 전격 발표해버린 것이다. 정부 여당 쪽에서는 이 총리가 대통령에게만 보고를 하고 청와대 및 당과는 사전에 전혀 협의가 없었던 데 대하여 매우 언짢아했지만, 대통령이 가만히 있으니 어쩔 수 없는 일이었다. 그러나 그 후부터 청와대 비서관들이 총리실 간부들에게 연락하는 횟수가 잦아졌다. 이를테면 견제하기 시작한 것이다.

두 번째는 우루과이라운드 이행계획서 수정 파동이다. 당시 김 대통령은 마치 전제군주가 쓰는 표현으로 "나를 속이고 국민을 속였다"라고 하면서 김양배 농림수산부 장관을 전격 해임했다. 그러고는 이 총리로 하여금 사과담화를 발표하도록 했다. 이 총리는 우리가 스스로 잘못을 시인해 버리면 우루과이라운드의 비준협상에서 불리하며, 보고 절차상 문제는 있었지만 결과적으로 국익에 도움이 되는 측면이 없지 않다는 입장에서 사과를 반대했으나, 청와대 측의 집요한 요구 끝에 결국 수락하고 만다. 그런데 이보다 앞서 농림수산부 장관 해임 문제가 논의되었을 때 이 총리가 총리로서 보고절차를 챙기지 못한 책임을 지고 사의를 표명했으나, 오히려 대통령이 만류한 바가 있었다.

또 김 대통령이 일본과 중국을 방문했을 때 이 총리가 안보관계 장관회의를 소집하고 안기부장의 보고를 받는가 하면, 국방부를 방문하는 등 적극적인 행정을 펼치자 여권 일각에서는 곱지 않은 시선을 보냈다. 그러나 이 총리는 이에 대해 "북한 핵 문제 등 국가 안위가 불안한 상황에서 대통령을 대신해 안보를 챙기는 것 너무나 당연하다"는 입장을 견지했다. 특히 안기부와의 관계가 틀어지게 된 것은 이 총리가 안가에 대한 보고서를 제출하도록 지시하면서부터였다. 경찰과 기무사는 보고를 해왔지만 안기부는 끝까지 보고서 제출을 거부했다. 그리고 그 무렵 안기부가 이 총리의 뒷조사를 하고 있다는 설이 떠돌았다. 이 총리가 대권에 뜻을 두고 인맥을 형성하고 있다는 설도 나돌았다. 그러던 어느 날 이 총리가 간부회의에서 안기부의 도청 문제를 제기했다(이 부분은 지금까지 전혀 알려지지 않은 사항이다). 자신이 사적인 자리에서 대화한 내용이 어떻게 해서 여권 인사들의 입에 오르내리고 있냐고 하면서, 도청에 대한 실태를 파악하고 대책을 내라는 지시를 내렸다. 실무적인 입장에서 보면 참으로 난감한 지시였다. 도청이 횡행하는 것은 세상이 다 아는 일이지만, 과연 이를 어떻게 처리해야 한다는 말인가. 어떻게 보면 도청은 정보기관의 가장 핵심적인 업무수단이라고 할 수 있는데, 그것을 막아버리면 정보기관을 무장해제시키는 거나 다름없는데, 과연 그 일이 이렇게 간단하게 정리될 문제란 말인가. 당시 총리실의 담당 간부가 "총리님, 실은 그게 그렇게 간단한 게 아니고…"라고 만류했으나 총리의 뜻은 워낙 완고했다.

그리하여 며칠 동안의 작업 끝에 정보기관의 도청 실태를 보고하자, 총리의 지시가 떨어졌다. 도청은 명백히 위법한 행위이니, 그 실무 집행업무를 담당하고 있는 기관을 폐쇄 조치하라는 지시였다. 바야흐로 김종필씨 이후 30여 년 동안 이 땅의 구석구석을 권력의 통제 아래 두는데 결정적인 역할을 해온 정보기관의 도청업무가 지상에서 사라지려는 순간이었다. 과연 이회창이라는 인물은 대단했다. 수십 수백만 명의 학생, 재야 세력, 역대 야당 세력들이 갖은 희생을 치르고도 못해낸 일을 단신의 몸으로 해치우려는 것이었다. 당시 총리실의 실무진은 정말 불안한 마음으로 '모 기관을 폐쇄 조치하라'는 내용의 총리 지시문서를 기안했던 것으로 기억된다. 정말 이래도 되는 걸까. 만약 안기부와 청와대가 거부하고 나서면 어떻게 될까. 이 총리가 끝까지 버틸 수 있을까. 이 총리가 물러난다면, 이런 문서를 기안한 나는 어떻게 될까. 어찌 불안하지 않겠는가. 그러나 총리에게서 이 문서의 결재를 받기 직전에 결정적인 사건이 벌어졌고 결국 이 총리는 이 문서에 사인을 하지 못한 채 사표를 제출하게 된다.

그러니까 1994년 4월 21일 간부회의에서 이회창 국무총리는 통일안보정책조정회의의 논의 사항도 총리의 승인을 받아야 한다고 이례적인 지시를 한 것이다. 그리고 이영덕 통일부총리와 한승주 외무장관을 집무실로 불러 이 같은 뜻을 전달했다. 통일안보정책조정회의는 그전 4월 8일에 신설된 회의로서 통일원 부총리, 외무부 장관, 국방부 장관, 안기부장, 청와대 비서실장, 청와대 외교안보수석이 멤버였다. 8일은 마침 대통령과 총리의 주례회동 날이었다. 이 자리에서 이 총리는 외무부와 국방부 등이 내각에 있는 한 이 회의에서 총리를 배제시키는 것은 잘못이라고 주장했다. 그러자 김 대통령은 2차 회의 때부터 총리 비서실장을 배석자로 참석시키도록 조치했다. 일종의 타협을 본 것이라 할 수 있겠다. 그러나 그 후 4월 15일에 "특사교환을 남북한 핵 문제 해결의 전제조건에서 철회한다"는 정부의 발표가 나왔다. 이것은 이 총리가 사전에 보고를 받지 못한 사항이었다. 그러다가 얼마 후 또 벌목공 수용대책이 사전보고도 없이 흘러나왔다. 그러자 급기야 이 총리는 위와 같은 지시를 내리게 된 것이다.

이 총리의 지시가 나가자 종합청사 주변은 발칵 뒤집혔다. 각 언론사들은 청와대의 반응에 촉각을 곤두세웠다. 당시 주요 일간지의 기사제목은 '깃발 든 이 총리, 소신대로 일하겠다 선언', '정책결정 소외 반발'. '청와대 팀 겨냥 위상 재정립 시위' 등이었다. 마침 다음날이 대통령과 총리의 주례회동 날이었다. 약 1킬로미터 정도 떨어진 청와대와 종합청사 사이에는 팽팽한 긴장감이 감돌았다. 이튿날 이 총리는 주례회동 앞서 간부회의를 가졌다. 한 간부가 물었다.

"어떻게 하실 겁니까?"

"뜻을 관철 시켜야지."

"그러면 사표를 써야 할 상황이 올지도 모르겠습니다."

"그렇다면 사표를 내야지."

이 총리는 이미 총리 자리를 내던질 결심이 서 있었던 것이다. 그리고 결국 그날 오후 이 총리는 주례보고를 마치고 청와대를 나오면서 총무처 장관에게 카폰으로 사표절차를 밟아줄 것을 당부했다.

이상이 사표제출 당일에 벌어진 일들이다. 다음날 각 언론은 일제히 총리 사퇴를 대서특필하면서 사퇴의 배경에 대해 촉각을 곤두세웠다. 그중에서도 특히 해임이냐 자진사퇴냐가 관심의 초점이었다. YS는 최근의 회고록에서도 이회창이 떠난 것이 아니라 자기가 버렸다고 주장하고 있다. 마치 요즘 TV 광고에서 "나는 헤어진 게 아니야, 널 버렸어!"라고 하는 것 같다. 그러나 지금 와서 돌이켜 보면, 이런 논란은 별 의미가 없었다고 생각된다. 이 총리는 이미 사퇴를 결심하고 청와대를 향했던 것이고, YS는 이 총리가 끝끝내 자신의 뜻을 굽히지 않자 해임을 결정했다고 보이기 때문이다. 하지만 이 총리가 한 번 더 기회를 달라고 사정했다는 부분은 정말 악의적이고 치졸하기 짝이 없는 사실왜곡이 아닐 수 없다. 이 총리는 우루과이라운드UR 문제로 농림부 장관을 해임할 당시 이미 사의를 표명한 적이 있었다. 그리고 이 총리가 대통령과의 주례보고를 하루 앞두고 통일안보정책조정회의 관련 발언을 '보도진을 통하여' 발표했을 때 이미 총리직 사퇴의 결심을 굳혔다고 보는 것이 상식이라 할 수 있다. 문제는 해임이냐 자진사퇴냐가 아니라 이 총리의 사표제출이 과연 이유가 있는 행동이었는가에 있다. 이 부분은 별도의 장으로 다루어 보자.

국무총리제도의 허와 실

"이런 여건하에서 총리가 할 수 있는 일은 대통령의 바람막이나 정치적 희생양 역할일 수밖에 없다. 이런 국무총리제도를 유지하기 위해서 그 많은 예산과 인원을 사용해야 할 필요가 있는지 다시 생각해볼 일이다. 국회는 이렇게 실질적 권한도 없는 국무총리를 상대로 국정 전반에 대한 답변을 요구하고 정치적 책임을 추궁하는 우스꽝스러운 일을 지금까지 되풀이해온 것이다."

우리 헌법은 국무총리의 권한을 '대통령을 보좌하며 행정에 관하여 대통령의 명을 받아 행정 각부를 통할한다'고 규정하고 있다. 이처럼 우리의 권력구조는 대통령중심제에 내각책임제적인 국무총리의 지위를 가미하고 있기 때문에 친정체제를 통하여 권력을 집중시키려는 대통령과 헌법상 권한을 법대로 행사하려는 국무총리 간에 긴장과 갈등이 일어날 수 있다. 이회창 총리 사표 파동은 이러한 가능성이 실제로 표출된 최초의 사건이라고 할 수 있다. 국무총리가 법치주의에 입각해 권한행사를 주장하자 대통령이 강력한 통치권 행사에 걸

림돌이 된다고 해서 거부한 것이다.

YS는 그의 회고록에서 이회창씨가 '대통령의 명을 받아' 행하는 우리 헌법상 국무총리의 권한을 자의적으로 확대해석하여 급기야는 북한 핵 및 외교적 문제 등 대통령의 업무까지 직접 지휘하겠다고 나섰다고 주장했다. 실제로 당시 청와대에선 국무총리가 대통령의 보좌기관이기 때문에 대통령의 명에 따라 그를 정책결정 과정에서 소외시킬 수도 있다는 논리를 펴기도 했다. 그러나 문제가 되었던 "통일안보정책조정회의의 결정 사안도 총리의 승인을 받아라"고 한 이회창 총리의 지시는 법적으로 타당하다는 것이 당시 대부분의 헌법학자들의 견해였다. 법적인 근거가 없는 통일안보정책조정회의는 청와대·내각·안기부 등 관계기관의 협의조정을 위한 기관이기 때문에 국가의 주요한 정책을 결정할 수 없으며, 결정 사안이 대통령에게 보고되기 전에 내각의 책임자인 총리를 거쳐야 하는 것은 당연하다는 논리였다.

이회창 총리의 사표 파동을 계기로 국무총리의 위상과 역할 문제가 새롭게 제기되었다. 헌법상으로나 정부조직법상 국무총리는 상당한 지위와 권능을 부여받고 있음에도 불구하고 역대 총리들은 '얼굴마담' '방탄총리' '의전총리'로 전락하여 독자적인 영역을 인정받지 못한 것이 사실이었다. 대통령을 대신하여 국회에서 정치적·정책적 책임을 추궁당하고, 국민들로부터 용도 가치가 떨어지면 폐기처분되는 소모품에 불과한 적이 많았다. 법적으로만 제2인자였지 권위주의적 대통령제하에서 청와대비서실장이나 안기부장 또는 실세 장관이나 수석비서관보다 실권을 행사하지 못했던 허수아비 총리도 많았다. 이회창 총리는 이렇듯 무력한 역할을 거부하고 우리 헌정사상 처음으로 법에 규정된 권한을 정당하게 행사하고자 했다. 결국 사표 파동이 일어난 것은 그런 시도가 정치적 한계에 부딪혔기 때문이라고 볼 수 있다.

아울러 이회창 총리의 사표 파동은 국무총리라는 헌법기구의 근원적인 필요성과 유용성에 대한 의문을 제기하기도 했다. 우리나라의 국무총리제도는 참으로 애매한 제도이다. 우선 그 출생 자체가 정치학적으로나 헌법학적으로 타당한 이론적 배경을 가지고 있지 못하다. 1948년 헌법제정 당시 한민당의 내각책임제안과 이승만의 대통령중심제 주장을 혼합시킨 타협안을 만들다 보니 대통령제하에서 국무총리제라는 기형적인 제도가 만들어진 것이다. 이론적인 기반이 없는 제도이다 보니 운용도 모순투성이일 수밖에 없다. 법적으로는 총리가 대통령을 보좌하며 행정 각부를 통할한다고 되어 있지만, 사실상으로 볼 때 대통령을 보좌하는 것은 몰라도 행정 각부를 통할한다는 것은 불가능하게 되어 있다. 도대체 인사권도 예산권도 없이 어떻게 행정 각 부처를 통할하겠는가. 막강한 권한을 가지고 있는 대통령이 있는 마당에 국무총리가 각 부처를 통할하고자 한다는 것은 옥하옥屋下屋이거나 아니면 눈 가리고 아웅하는 체면치레 이상이 될 수가 없다.

이런 여건에서 총리가 할 수 있는 일은 대통령의 바람막이나 정치적 희생양 역할일 수밖에 없다. 이런 국무총리제를 유지하기 위해서 그 많은 예산과 인원을 사용해야 할 필요가 있는지 다시 생각해볼 일이다. 국회는 이렇게 실질적 권한도 없는 국무총리를 상대로 국정 전반에 대한 답변을 요구하고 정치적 책임을 추궁하는 우스꽝스러운 일을 지금까지 되풀이해온 것이다. 이회창 총리는 이처럼 애매한 상태로 유지되어온 국무총리제를 헌법과 법률 및 사리에 맞도록 바로잡겠다는 강한 의지를 지니고 있었으나 결국은 현실적인 한계로 좌절하고 만 것이다. 우리는 이제 국무총리제가 가지고 있는 이러한 허구성을 직시하여 그 존폐여부를 근본적으로 재검토할 때가 되었다고 생각한다.

한편 이회창 총리는 이임식에서 "법과 질서를 존중하는 것이 국가발전의 요체라는 소신을 실현하기 위해 최선을 다해 노력했지만 이렇다 할 성과를 거두지 못한 채 떠나게 되었습니다"라고 말했다. 법과 질서의 상징이었던 그의 이미지도 정치권에 들어가서 많이 퇴색되었다. 하지만 그가 이임식에서 얘기했던 소신이 아직도 순수한 모습 그대로 남아 있기를 바라는 마음 간절하다.

마치며

진정한 개혁은 법과 원칙으로 돌아가는 것

"내가 20년간의 공직 생활을 통해 통감한 것은 가장 확실한 개혁은 '법대로'라는 점이다. 검찰이 문제가 많아서 개혁을 해야 한다? 개혁방안을 만든다? 웃기는 얘기다. 방안이 무어가 필요하단 말인가. 지금 있는 관련법만 제대로 지킨다면 아무 문제가 없다. 정치개혁방안을 만든다? 지금 있는 관련법만이라도 제대로 지키자. 그것보다 더 과격한 개혁은 없다."

내가 세상에서 제일 싫어하는 말 중의 하나가 '의식개혁'이라는 용어이다. 흔히 세상사의 잘못된 점을 얘기하다가 막판에 가서 "맞아, 의식이 문제야! 우리는 의식이 잘못됐어, 의식을 고쳐야 돼!"라고 하면 모두가 고개를 끄떡인다. 과연 맞는 말인가? 맞는 말이다. 그러나 아무 쓸모가 없는 말이다. 근본적으로 의식이 잘못된 것은 맞지만, 그리고 의식을 고쳐야 하는 것은 맞지만 의식을 개혁해야 한다고 끝을 낸다면 결국 하나마나 한 소리일 뿐이다. 결국은 울분과 토로 끝에 공허한 결론만이 남을 뿐이다. 공허한 결론으로 끝날 것 같으면 굳이

'열 받아가며' 애기할 필요가 있겠는가. 공연히 건강만 해치고, 수명만 단축시키는 일이 아닌가. 의식개혁이란 문제의 해결책이 아니라, 분명히 문제가 해결되고 난 후의 결과이다. 즉, '어떤 문제가 있어서 어떻게 해결하고 나니 결과적으로 의식도 개혁이 되더라'이다. 그럼에도 불구하고 무슨 대책회의만 열렸다 하면, 의식개혁을 해야 한다고 이구동성으로 외쳐댄다. 문제의 해결책으로 의식개혁을 얘기하는 것은 아무것도 하지 말자는 말이나 다름없다.

예를 들어보자. 내가 사는 서대문 지역 한가운데에 안산이 자리 잡고 있다. 높지는 않지만, 넉넉한 품 때문에 서울의 서부나 강서 지역 사람들이 많이 찾는 산이다. 그러다 보니 등산객의 쓰레기 문제와 불법 배드민턴 코트 문제가 항상 골칫거리였다. 어느 날 이 문제에 대한 대책회의를 가보았다. 많은 얘기가 오갔지만 여러 가지 복잡한 이유 때문에 뚜렷한 해결책이 찾아지지 않았다. 그러자 지역의 가장 높은 분께서 회의를 마무리하면서 결국은 주민들의 의식을 개혁해야 한다고 결론을 짓는 것이었다. 자, 한번 생각해보자. 어떻게 하면 주민들의 의식을 개혁시킬 수 있는지. 아무리 생각해 보아도 방법이라고는 캠페인 외에는 없을 것이다. 그리하여 고작 반상회보에 캠페인 문구를 넣거나, 현수막을 달거나, 일요일 아침에 등산로 입구에서 띠를 두르고 서 있거나 할 것이다. 과연 골칫거리가 해결되었을까? 이렇게 해서 의식이 개혁된다면 우리는 일찌감치 선진국이 되었을 것이다.

이제는 제발 우리 국민들, 특히 공무원들은 의식개혁이라는 하나마나 한 소리는 안 했으면 좋겠다. 예를 하나 더 들어보자. 은행에 가면 반드시 줄을 서야 했던 적이 있었다. 여러 개의 입출금 창구에 고객들이 줄을 서서 차례를 기다려야 했다. 고객용 소파가 우아한 자태를 뽐내고 있어도 앉을 수가 없었고, 각종 잡지가 비치되어 있어도 읽을 엄두를 내지 못했다. 줄에 서 있는 동안에는 용변이 마려워도 화장실에 갈 수가 없었다. 그러나 더욱 참기 힘든 일이 있는데, 그야말로 줄을 잘 서야지, 줄을 잘 못 서게 되면 나는 벌써 왔는데도 방금 온 사람이 먼저 일을 끝내는 '배 아픔'을 뼈저리게 맛보아야 한다. 그러다 보니 어느 은행이건 창구 앞은 항상 혼잡하고 무질서로 정신이 없었다. 정말 우리들의 '의식개혁'이 절실한 현장의 표본이었다. 그런데 지금은 어찌 되었나. 요즈음은 아무리 손님이 많아도 창구 앞이 혼잡한 은행은 눈을 씻고 찾아봐도 찾을 수 없다. 왜 그렇게 되었을까? 의식개혁이 되어서 그리되었나? 천만의 말씀이다. 바로 번호표가 나오는 간단한 기계 하나로 해결된 것이다.

우리가 이 예를 통해 보듯이 어떤 문제를 해결하는 데 있어서 의식개혁 쪽으로 접근하다 보면 달이 가고 해가 가도 답이 안 나온다. 문제의 해결은 위에서 보았듯이, 은행 창구의 혼잡 문제를 해결하는 방식처럼 '시스템적'으로 접근해야 한다.

'시스템적'인 접근이란 무엇인가. 쉽게 얘기해서 타율적인 힘이나 작용에 의해서 움직이도록 하는 것이 아니라 스스로 알아서 돌아가도록 만드는 것을 말한다. 위의 예를 빌면, 은행창구에서 은행직원이 줄을 서라고 소리를 지르거나, 경비원을 동원해서 질서를 유지하는 것이 아니라 고객 스스로가 번호표를 들고 알아서 차례를 기다리도록 해야 한다는 것이다. 다시 말해서 '보이는 손'을 통해서가 아니라, '보이지 않는 손'을 설치하여 그 손을 통하여 질서를 형성해가야 한다는 것이다. 시스템적 접근 방법의 가장 원시적인 형태 중의 하나가 '신상필벌'의 법칙이다. 상을 받기 위해서 또는 벌을 안 받기 위해서 조직이 열심히 돌아가는 것을 의미한다.

시스템적 접근방식 중에 이런 제안이 있다. 우리나라 대학생들은 너무 공부를 안 한다. 입시지옥에서 헤매다가 해방이 되어서 그렇긴 하겠지만, 대학만 들어가면 만사 제쳐놓고 놀기에 바쁘다. 대학가를 가면 온통 술집뿐이고 경제난에도 아랑곳하지 않고 새벽까지 난장판이다. 그러나 모든 대학생이 다 그런 건 아니다. 특히 군대를 갔다 온 복학생들은 좀 다르다. 우리나라에서 가장 확실한 정신교육기관인 군대를 다녀오면 무언가 조금씩 자세가 달라진다. 그 힘든 생활을 겪으면서, 공부보다 편하고 이익이 되는 일은 없다고 깨닫는 것이다. 자, 그렇다면 이렇게 하면 어떻겠는가. 군대를 일찍 가는 학생에게 인센티브를 주는 것이다. 복무기간을 줄여주는 것도 그 방법 중의 하나가 될 수 있다. 입대를 연기하지 않고 제 나이에 군대에 가는 것은 필요 이상으로 고학력화·고연령화되어 있는 군의 인적구성 개선에도 도움이 되고 '군의 정병화'에도 기여할 것이다. 그리하여 정신 차린 복학생들이 다수를 이루게 된 대학가는 노는 분위기에서 면학 분위기로 바뀌어 갈 것이다. 술집들은 많이 망하겠지만.

다시 얘기의 원줄기로 돌아오자. 그런데 어떤 조직이 시스템만 갖추어졌다고 제대로 돌아가는 것은 아니다. 기업의 제품이 생산, 유통되기 위해서 도로, 항만 등의 물질적 사회간접자본이 필요하다는 것은 모두가 아는 사실이다. 여기서 굳이 물질적 사회간접자본이라고 한 이유는 정신적 사회간접자본을 말하기 위함이다. 각 조직의 시스템이 제대로 작동하기 위해서는 정신적 사회간접자본•이 필요하다. 그렇다면 정신적 사회간접자본은 무엇을 말하는가. 바로 '믿음, 신뢰'를 의미한다. 사회 내에 '믿음, 신뢰'라는 문에 보이지 않는 도로, 항만 등이 갖추어져 있어야 각 부문이 타율적인 힘과 작용이 없어도 스스로 움직이게 된다.

내가 살고 있는 홍은동 벽산 아파트에서 있었던 일이다. 여느 아파트와 마찬가지로 우리 아파트도 주차난이 심각했다. 어느 날 주민자치 모임에서 이 문제가 거론되었다. 그리고 그날 많은 논의 끝에 지정주차제를 실시하기로 결론이 났다. 모든 주차공간에 번호를 매기고 분기별로 한 번씩 추첨을 통해서 각자의 자리를 정하기로 했다. 선진외국의 경우 일반적으로 시행되는 시스템이기도 하다. 그런데 어떻게 되었는가. 시행 며칠 만에 원점으로 돌아가고 말았다. 하루 이틀 정도는 그런대로 지켜졌다. 그러다가 어느 날 밤 어떤 사람이 자기 자

• 미국의 저명한 학자 프란시스 후쿠야마는 1995년에 쓴《트러스트》란 책에서 사회자본social capital으로서의 사회의 신뢰를 주장했다.

리에 남의 차가 주차되어 있는 사실을 발견했다. 그러나 늦은 밤에 규칙을 위반한 사람을 찾아내서 차를 옮기라고 하기가 어디 쉬운 일인가. 에라 모르겠다 하고 다른 빈자리에 주차를 해버렸을 것이다. 그리고 그 다음에 어떤 일이 연이어 벌어졌는지는 자명한 일이다. 아무리 쉽고 훌륭한 시스템을 갖춘다 해도 그것을 모두가 지킬 것이라는 믿음과 신뢰가 형성되어 있지 않다면 무용지물이 되고 마는 것을 보여주는 간단한 예라고 할 수 있다.

해방 후 우리나라는 압축성장 과정을 겪으면서 사회간접자본을 상당한 정도로 갖추었다고 볼 수 있다. 그러나 앞에서 보았듯이 사회 내 각종 시스템이 제대로 작동되기 위하여 필요한 정신적 사회간접자본인 '믿음, 신뢰'는 아직도 개발도상국가 수준에 머무르고 있다. 그러면 어떻게 해야 믿음과 신뢰를 쌓아갈 수 있을까. 여기서 참으로 중대하고도 어려운 문제가 제기되는데, 우선적으로 떠오르는 것은 '교육'이다. 맞는 말이다. 어렸을 때부터 약속을 지키고 서로 간에 믿음과 신뢰를 형성하는 교육을 철저하게 시키는 것이 필요하다. 그러나 이것은 어디까지나 믿음과 신뢰의 사회를 만들기 위한 필요조건 중의 하나일 뿐이다. 사회 내의 기성 문화에 변화가 없을 때 교육의 효과는 이내 한계에 부딪힐 것이 뻔하다. 요즘의 어린이들은 질서 교육과 환경 교육만큼은 제대로 받고 있는 것 같다. 그러나 그 교육은 실천단계에서 이내 좌절을 맛보게 되어 있다. 우리 사회는 아이들이 학교 밖을 나오는 순간 질서와 환경의식을 포기하도록 강요하는 사회가 아닌가.

그렇다면 어떻게 해야 하는가. 너무 뻔한 이야기가 되어서 싱거울지 모르나, 믿음과 신뢰의 사회는 법과 원칙을 존중하는 사회이다. 우리가 혼자가 아닌 여럿이 모여 살 때는 반드시 규칙이 필요하다. 개개인의 욕구와 이상이 다르기 때문이다. 아무리 작은 집단이나 조직이라 할지라도 내부적으로 유형·무형의 규칙을 가지고 있다. 규칙이 지켜지는 모임은 구성원에게 이익과 행복을 주지만, 규칙이 지켜지지 않는 모임은 구성원에게 피해와 불행을 주게 마련이다. 그래서 규칙은 지켜져야 하는 것이다. 지켜지기 힘든 규칙은 고쳐나가면 된다. 우리 사회에 믿음과 신뢰가 형성되지 않는 이유는 간단하다. 규칙이 지켜지지 않기 때문이다. 그리하여 현재 우리 사회에서 가장 절실한 문제는 법과 원칙의 확립이라고 하지 않을 수 없다.

군사정권이 끝나고 문민정부가 들어선 이래 우리 사회를 지배해온 담론은 '개혁'이었다. 대한민국의 국민들은 10년이 넘도록 정부가 내세우는 개혁이라는 기치 아래 주눅이 들어 왔다. 그런데 어떻게 되었는가. 개혁은커녕 하루하루의 삶이 더욱 고달파지기만 했다. 그동안 발표된 헤아릴 수 없이 많은 개혁조치들은 다 무어란 말인가. 그 많은 개혁조치들의 대부분은 '보이는 힘과 작용'에 의한 접근들이었다. 다시 말해 시스템적 접근이 아니었다. 그리고 그나마 시스템적 접근에 의한 개혁조치들도 믿음과 신뢰라는 정신적 사회간접자본의 부재 속에서 제대로 작동할 수가 없었다. 자, 그렇다면 이제 자명해진다. 우리에게 필요했던, 그리고 늦었지만 지금도 절실한 개혁은 믿음과 신뢰 사회의 구축을 위한 '법과 원칙의 확립'이다.

내가 20년간의 공직 생활을 통해 통감한 것은 가장 확실한 개혁은 '법대로'라는 점이다. 검찰이 문제가 많아서 개혁을 해야 한다? 개혁 방안을 만든다? 웃기는 얘기다. 방안이 무어가 필요하단 말인가. 지금 있는 관련법만 제대로 지킨다면 아무 문제가 없다. 정치개혁방안을 만든다? 지금 있는 관련법만이라도 제대로 지키자. 그것보다 더 과격한 개혁은 없다. 우리나라는 민주주의의 기본 원칙인 삼권분립도 제대로 안 지켜지는 나라가 아닌가. 새 정부가 들어서서 추진해온 기업, 금융, 노사, 공공부문 등 4대 개혁도 방안이 문제라기보다는 법과 원칙을 지키지 않는 것이 문제가 아닌가. 그래서 개혁이라는 말은 더 이상 쓰지 않았으면 좋겠다. 개혁이란 구호는 이제 '약발'이 떨어질대로 떨어졌다. 진정한 개혁을 위한다면 이제 제발 우리 모두 법과 원칙으로 돌아가자!

〈초판〉 발행 후기後記

《최고의 총리 최악의 총리》를 내고 나서 겪은 일

소위 행정평론이라는 분야의 새 장을 연다는 기치를 내걸고 펴낸 나의 졸저《최고의 총리 최악의 총리》는 당초의 예상과는 달리 세상에 커다란 반향을 불러일으켰다.

도하 각 일간지가 많은 지면을 할애하여 책 내용을 보도한 것을 시발로, 각 라디오 및 TV 방송의 시사 프로 및 책 소개 프로에 대담 내용이 반영되었으며, 각종 주간지와 월간지, 그리고 심지어는 여성 잡지들에도 관련 기사가 실렸다. 그 때문에 책을 출간하고 두 달이 넘도록 언론과의 인터뷰로 분주했으며, 지금까지도 간혹 대학 등에서 강연 요청이 들어오고 있다.

사실 나는 나의 책이 이처럼 큰 반응을 얻으리라고는 전혀 예상하지 못했다. 아니 오히려 반응은커녕 당초에는 책 출간 자체도 어려웠었다. 즉, 처음에는 아무도 내 책을 출판해 주려 하지 않았던 것이다. 그러다가 우여곡절 끝에 책이 세상에 나오고 과분한 반응을 얻긴 했지만, 또 그만큼 많은 오해와 비난을 받기도 했다. 그리고 그 과정에서 많은 것을 느끼고 깨닫게 되었다.

나는 행정평론집 제2권을 내기에 앞서서 먼저 그것을 정리하고 넘어가는 것이 필요하다는 생각을 했다. 그것이 한편으로는 제1권을 읽지 않은 독자들에 대한 비포 서비스before service(?)일 수 있다는 나름대로의 이유에서다.

책과 관련해서 각종 인터뷰나 전화 또는 이메일을 통해서 받은 비판성 질문들 중에서 공통된 것은 대개 몇 가지로 요약된다. 첫째, 자기가 몸담았던 조직을 그렇게 비난할 수 있느냐는 것. 둘째, 그런 너는 얼마나 잘했느냐는 것. 셋째, 정치인으로서 이름을 얻으려고 책을 쓴 게 아니냐는 것. 넷째, 왜 이회창만 미화했느냐는 것 등이다.

우리나라의 잘못된 비판 문화

이러한 질문에 변명을 하기에 앞서 반드시 짚고 넘어갈 것이 있다. 즉, 우리의 한심한 비판 문화에 대해서 한마디 하고 싶은 것이다. 비판을 하려면 먼저 비판의 대상에 대해서 올바른 정보를 가지고 있어야 한다. 너무나 당연한 얘기다. 무엇무엇이 잘못되었다고 하려면 최소한 무엇무엇에 대해서는 올바로 알고 있어야 하는 것이다. 그런데 통상 그렇지 않은 것이 우리네 현실이다. 무슨 얘긴고 하니 어떤 책에 대해서 비판을 하려면 최소한 그 책을 읽기는 해야 하는데, 읽어 보지도 않고 그 책에 대해서 비판을 하는 것이다. 즉, 신문 기사 몇 자 보고 얻은 정보를 토대로 자기의 편견과 선입견만으로 비판을 가하는 것이다.

나는 지금까지 살아오면서 기독교 성경을 지독하게 씹어대는 사람치고 변변히 성경책 한번 제대로 읽어본 사람을 본 적이 없다. 김용옥이 사기꾼 어쩌고 하며 핏대를 올리는 사람 중에 김용옥 책을 한 권이라도 끝까지 제대로 읽어 본 사람을 본 적이 없다. 그래서 옛말에 '남대문 안 본 놈이 본 놈하고 우김질하면 이긴다'는 말이 있는가 싶다. 무식하면 용감하다는 말도 같은 맥락이라고 할 수 있다.

내 책이 언론을 타자 여기저기서 많은 전화가 왔다. 자신이 공무원이라고 하며 수원에서 전화를 한 어떤 사람은 다짜고짜로 언성을 높이며 "국가의 녹을 받은 자가 어떻게 정부를 욕되게 할 수 있느냐, 너 같은 자야말로 매국노가 아니냐"고 하기에 "실례지만 선생님께서는 제 책을 읽어 보셨냐"고 묻자, "보나 마나 뻔한 거 아니냐"며 얼버무리다가 전화를 끊었다.

이 정도는 차라리 양반이다. 오랫동안 같이 일했던 과거의 어느 상사를 만났더니 "정 국장! 정치하더니 많이 변했어. 하긴 정치하려면 좀 튀어야겠지"하며 빈정거리기까지 했다. "제 책을 읽어 보셨나요?" 했더니 그 역시 보내준 책을 들여다보지도 않고 하는 말이었다.

헌데 여기서 조금 재미있는 사실을 발견하게 되었다. 책에 대해서 이메일로 의견을 보내온 사람들은 백 프로 책을 읽은 사람들이라는 것이다. 적어도 이메일로 서평을 하는 사람은 제대로 된 비판의 자세를 가지고 있다고 볼 수 있는 것이다.

우리의 한심한 비판 문화는 비단 책에만 국한되는 것이 아니다. 정부정책에 대한 비판도 마찬가지다. 정책이 결정되게 된 배경은 고사하고 정책의 구체적인 내용에 대한 올바른 이해도 없이 비판부터 하기 일쑤다. 흔히 우리 사회에서 토론이 잘 안 되는 이유도 대부분 이것이다. 상대방 얘기를 제대로 이해하지도 않고 반박부터 해댄다. 남이 얘기하는 동안 그 얘기를 듣는 것이 아니라 자기가 할 얘기만 생각하고 있는 것이다.

국회에서 토론도 예외가 아니다. 상대 당의 주장에 대한 논거는 아예 들을 생각도 않고 입장이 틀리다 싶으면 악부터 써댄다. 한마디로 말해서 천박하고 유아적인 비판 문화라 아니할 수 없다.

나는 이름을 얻기 위해 책을 썼을까?

비판 문화는 그렇다 치고, 다시 얘기를 저자의 변으로 돌려보자. 먼저 책을 쓰게 된 경위부터 밝혀야겠다.

《최고의 총리 최악의 총리》의 머리말에서도 언급했지만, 나는 20여 년간의 공직 생활 내내 정부 안에서 벌어지고 있는 우스꽝스럽고도 바보 같은 일들을 수없이 목도하면서, 또 아무도 그 점에 대해서 얘기하지 않은 것을 이상하게 생각하면서, 그것이 나만이 혼자서 느끼는 일인지 늘 의문이었다. 다시 말해서 언젠가 그런 것들을 정리해서 남들은 어떻게 생각하는지 확인하고 싶었던 것이다. 벌거벗은 임금님을 벌거벗었다고 누군가 얘기해야 하는 게 아닌가 하는 안타까움이 강했다고나 할까. 그러다가 갑작스럽게 공무원을 그만두고 2000년 4·13총선에 떨어진 후 원외위원장 생활을 하다가, 2001년 새해가 되면서 새해결심New Year's Resolution의 일환으로 책을 쓰기로 작정하게 되었다. 특히 다른 것도 아닌 책을 쓰기로 한 이유는, 정치자금을 충당하기 위해 후원회에 와달라고 청하는 것도 염치없고, 책이라도 써서 출판기념회라는 타이틀을 부치면 명분도 좀 서겠다 싶어서였다. 이러한즉 내가 책을 낸 것은 오래전부터의 계획에다가 현실적인 필요성까지 어우러져서 결정된 것이다.

그런데 내가 받았던 질문 중에 "정치인으로서 이름을 얻기 위해 책을 쓴 게 아니냐"는 것은 좀 우스운 질문이라고 생각한다.

정치인이 이름을 얻고자 하는 것은 장사하는 사람이 돈을 벌고자 하는 것처럼 너무도 당연한 일이 아닐까. 더구나 문학작품을 쓰는 작가라고 이름을 얻겠다는 욕심이 전혀 없지는 않을 것이다. 일찍부터 이런 글을 써야겠다고 생각해온 나지만, 이번 기회에 책을 통해서 이름 좀 알려 보자고 생각한 것이 과연 잘못된 일일까.

하지만 앞에서도 얘기했듯이 애초에 내 책은 이름을 얻기는커녕 출판조차 하기가 힘들었다. 아는 사람은 아는 일이지만, 지구당위원장이란 자리가 제대로 할라치면 눈코 뜰 새 없이 바쁜 자리다. 그 바쁜 와중에 일주일에 한 번, 열흘에 한 번 짬짬이 쓴 글을 간신히 마감하고 평소에 아는 출판사 몇 곳에 원고를 보냈다. 그러나 한참이 지나도 감감무소식이 아닌가. 몇 차례 연락을 해보니 출판을 꺼리는 것 같았다. 아니 원고조차 읽으려 들지를 않았다. 나중에 알게 되었지만, 정치인이 쓴 책은 전혀 장사가 안된다는 것이 출판사들의 입장이었다. 정치인이 쓴 책을 누가 사서 보겠느냐는 것이다. 한마디로 정치인들이 책을 내려면 자비출판을 해야 된다는 것이다. 그런 것도 모르고 나는 '착각도 유분수'였던 것이다. 그러니 결국 일반적인 '시장용 출판'을 포기하고 '행사용 자비 출판'으로 방향을 돌릴 수밖에 없었다. 그리고 솔직히 말해서 나는 내 글에 자신이 없었던 것도 사실이다. 난생처음 책이라고 쓰긴 했는데 이걸 누가 읽어줄 것인지 용기가 나질 않았던 것이다.

이런 과정을 거쳐 출판기념회를 이틀 앞두고 책이 완성되어 나왔다. 먼저 격식은 차려야겠기에 통상적으로 하는 대로 보도자료를 만들어 한나라당과 총리실 기자실에 책을 배포했다. 그러나 그때까지도 자신이 없어 기자실에 직접 가지를 못하고 직원을 대신 보냈다. 그러고는 그날 별 기대도 없이 한나절을 보낸 후 저녁 식사를 하고 있을 때 갑자기 내 휴대폰에 불이 나기 시작했다.

《최고의 총리 최악의 총리》는 이렇게 세상에 나왔다.

초짜 저자의 씁쓸한 일화 한 가지

여기서 우스꽝스러운 일 한 가지를 소개해야겠다.

그날 일과 중에 총리실 기자실에서 소란이 일어났다. 일부 기자들이 각자의 부스에 책이 놓여 있는 것을 발견하고는 발끈한 것이다. 정두언이란 놈이 왜 기자들 허락도 없이 책을 갖다 놓았느냐는 것이었다. 그러고는 총리공보관에게 당장 책을 회수해 가라고 했다. 그리하여 그날 내 책은 총리 기자실에서 몽땅 퇴출되고 말았다. 그 말을 전해 들은 나는 참으로 어안이 벙벙할 수밖에 없었다.

자, 여러분들은 이 일을 어떻게 이해해야 할까요. 물론 기자들 입장에서 생각해보면 그랬을 수 있다. "한나라당 위원장 하는 놈이 책 하나 써 가지고 홍보 좀 하려고 하는가 본데, 자식 그러면 사전에 양해를 구해야지 이렇게 슬그머니 책만 놔두고 도망을 가?" 하고 말이다. 하지만 그 점을 인정한다 해도 역시 이해는 안 간다. 쓰레기 같은 책이라 해도 책은 책 아닌가. 더군다나 책 제목 자체는 총리실 출입 기자들과 전혀 무관한 게 아니지 않은가. 들쳐보고 쓰레기다 싶으면 휴지통에다 버리면 되지 그걸 회수하라고까지 할 건 무언가.

그것이 기자의 자존심인가? 자존심치고는 좀 유치하다고 하지 않을 수 없다.

다음날 몇몇 총리실 기자로부터 연락이 왔다. 기사를 써야겠는데 책이 필요하다는 것이었다. 책을 전해주면서 섭섭한 마음에 한마디 했다.

"기자실 부스에 먹을 것을 갖다 놓을 때도 양해를 구해야 하나요? 책은 마음의 양식이 아닌가요?"

나는 조직의 배신자인가

책을 쓰게 된 경위는 이렇고, 다음으로 '자기가 몸담았던 조직을 그렇게 비난할 수 있느냐'는 질문에 대해서 답을 해보겠다.

많은 언론이《최고의 총리 최악의 총리》를 소개하면서 공직 사회의 실태를 고발했느니, 공직 사회의 부조리를 고발했느니 하는 표현들을 썼다. 마치 폭력조직 속에 있다 빠져나와 자기조직을 고발하는 배신자와 같은 뉘앙스를 느끼게 하는 표현이다. 물론 언론은 가능한 한 자극적인 표현을 쓰려는 속성을 지니고 있긴 하지만, 이 때문에 독자나 시청자들은 엉뚱한 편견과 선입견을 갖게 되기 십상이다. 실제로 내 책을 읽지 않고 신문에서만 본 사람들은 거의가 그러한 오해를 가지고 있다는 사실을 확인할 수 있었다. 하지만 나는 자신 있게 얘기할 수 있다. 내 책은 공직 실태를 고발한 것이 아니라, 공직 사회가 이제는 이렇게 바뀌어야 한다는 내부의 합리적인 목소리들을 대변한 것이라고. 따라서 나는 감히 이렇게 말하고자 한다. 만약 그 누군가 내 책을 읽고 나서도 내가 배신자라는 생각에 변함이 없다면, 나는 그가 제시하는 어떠한 요구에 응하겠노라고. 내가 이렇게 만용을 부리는 이유는 간단하다. 내가 쓴 얘기들은 우리가 흔히 퇴근 후 술자리에서 분개

심에 목청을 높여 주고받는 이야기들이 대부분이기 때문이다.

자, 한번 보자. 보고서의 내용보다는 자구를 고치는데 목숨을 걸고 있는 수많은 고질적 문장 결벽증 환자들의 얘기, 무슨 문제만 생기면 대책기구를 만들어야 된다는 고정관념이 자꾸 정부조직을 키우고 있다는 얘기, 정부조직의 신설 또는 증설 때도 '끼워 팔기'가 횡횡한다는 얘기, 정부조직에도 일류부처가 있고 삼류부처가 있으며 그 기준은 결국 부富가 있느냐 없느냐에 달려 있다는 얘기, 정부 내에서 지역차별이 실제로 어떻게 이루어지며 그것을 철폐하는 길은 인사편중의 시정밖에 없다는 얘기, 정부 용역에 뒤따르는 리베이트 얘기, 제주도개발촉진법 제정의 배경을 살펴보면서 정경유착의 실례를 밝힌 얘기, 질문자나 답변자나 부하 직원들이 사전에 미리 써준 원고를 앵무새처럼 읽어대는 국회 대정부질문제도의 실상을 밝힌 얘기, 공무원은 제대로 멋도 못 부리는 풍토가 융통성 없는 공직 문화를 유지케 하는 한 요소라는 얘기, 공무원은 왜 기자들의 밥인지 그 원인과 실상을 적나라하게 보여주는 얘기, 업무 명목으로 관광에 나서는 해외출장을 차라리 해외연수의 기회로 활용해야 한다는 얘기, 터무니없이 비효율적인 공무원 교육훈련제도의 실상에 관한 얘기, 정부도 결코 성희롱의 안전지대가 아니라는 얘기, 역대 총리들을 과감하게 평가한 얘기. 헌법과 법률에 규정된 권한과 기능을 행사하지 않는 국무총리라면 차라리 없는 게 낫다는 얘기, 우리 사회가 혼란 속에서 헤매고 있는 원인으로 믿음과 신뢰의 상실을 들으면서 그것을 회복하려면 법과 원칙으로 돌아가야 한다는 얘기 등등이《최고의 총리 최악의 총리》에 담긴 내용들이다. 과연 이것이 공직 실태를 폭로한 배신자의 넋두리인가.

나는 잘했는가

얼마 전에 문민정부 시절 문화체육부 장관을 지내신 어떤 분으로부터 점심을 함께하자는 전화가 걸려왔다. 평소에 알고 지내는 사이가 아니고 다만 어느 행사장에서 잠깐 인사를 나눈 사이였기 때문에 매우 의외였다. 무슨 일일까 의문을 품고 찾아간 그분의 사무실은 번잡한 도심 속에서도 고즈넉한 분위기를 잃지 않고 있는 신문로의 어느 아담한 건물에 자리 잡고 있었다. 늘 단아한 용모와 바른 자세를 지니고 있는 그분은 꽃을 들고 찾아간 나를 여유 있는 웃음으로 반갑게 맞아 주었다. 그러고는 이내 나를 부른 이유를 설명해 주었다. 그분은 "정 위원장 책을 아주 잘 읽었어요"로 시작한 후 조목조목 군데군데 잘못된 부분에 대한 지적도 잊지 않았다. 그러면서 하는 말씀이 "이 책은 공직에 있는 높은 사람들이 읽어야 하는데 그 사람들이 당최 책을 읽지 않으니 안타까운 일"이라고 했다. 나로서는 책을 읽어준 것만 해도 고마운데, 칭찬과 격려와 아울러 지적까지 해주시니 그렇게 고맙고 힘이 날 수가 없었다.

그날 나는 그분과 점심을 함께 하며, 또 한가로운 골목길을 같이 걸으며, 또 사무실 인근에 있는 아름다운 미술관에서 차를 함께 나누며 시간 가는 줄 모르고 많은 얘기를 나누었다. 그 과정에서 인생의 선배로서 공직의 선배로서, 또 후배를 아끼고 키우고자 하는 그분의 마음이 훈훈하게 전해져 왔다. 만남을 끝내고 그분이 주신 선물까지 받아들고 돌아오는 내 발걸음이 그렇게 힘차고 가벼울 수가 없었다. 물론 칭찬은 기분 좋은 것이다. 하지만 그날은 그 이상이었다. 왜냐하면 나는 마음속으로 '잘해야지, 정말 잘해야지'라는 다짐을 하고 또 했으니까. 세상은 이래서 진지하게, 그리고 열심히 살아야 할 이유가 있는 것이 아닐까. 그리고 그분은 김영수 전 문화체육부 장관이시다.

다음으로 '그런 너는 얼마나 잘했느냐'는 질문에 답할 차례다. 사실 이런 류의 질문은 너무나 인격적인 질문이기 때문에 대답하기가 무척 곤혹스럽다. 솔직히 "너는 얼마나 잘했느냐"고 할 때, "나는 잘했다"고 대답할 수 있는 사람이 세상에 몇이나 되겠는가. 사실대로 얘기하면 나는 내가 책에서 기술한 내용에 대해서 나 자신도 결코 자유로울 수 없다고 생각한다. 하지만 그렇다고 해서 아무도 얘기하지 않는다면? 벌거숭이 임금님은 계속 벌거숭이로 지내게 될 것이 뻔하지 않은가?

그리고 말이 나왔으니까 말인데, 사실 우리나라의 공직 사회는 밑에 보다는 위가 문제다. 앞에서 어느 전직 장관님께서도 얘기하셨듯이 내가 책에서 밝힌 내용들은 대부분 아랫사람들보다는 윗사람들이 심각하게 받아들여야 할 문제들이다. 대체로 정상적인 가정에서 자라 정상적인 교육을 받은 다수의 아랫사람들보다는 아직도 권위주의적인 문화가 몸에 배어 있고 비합리적인 관행에 익숙한 소수의 윗사람들이 임금님을 계속 벌거숭이로 만들고 있는 것이다. 조직을 바꾸려면 아랫사람 백 명이 바뀌는 것보다 윗사람 한 명이 바뀌는 게 더 중요하다고 본다.

생각해보자. 윗사람이 기자를 의식하지 않으면 아랫사람들이 기자를 의식할 이유가 전혀 없게 된다. 윗사람의 고질적 문장 결벽증이 심각한 상태면 전 조직이 그 병에 감염될 수밖에 없다. 윗사람이 말씀자료를 없애 버리면 그 아래아래 사람이 말씀자료를 요구하기가 쑥스러워진다. 윗사람이 멋을 부리면 그 아래아래 사람이 멋 부리기가 훨씬 수월해진다. 다시 말하건대 나의 책은 공직 실태를 고발한 것이 아니라 이처럼 아랫사람들 입장에서 윗사람들이 바뀌어주었으면 하는 심정에서, 또 아랫사람들이 윗사람들의 잘못된 점을 배우고 따르지 않았으면 하는 심정에서 쓴 것이지, 나는 잘했기 때문에 쓴 것이 아니라는 점을 이해해 주기 바란다.

총리 중 이회창만 미화했나

마지막으로 '총리 중에 이회창만 미화했다'는 부분이다. 나는 다른 건 몰라도 이 부분은 받아들이기 어렵다. 그 이유는 무엇보다도 내가 바보 멍청이가 아니라는 점이다. 내가 이회창만을 미화하면 내 책의 신뢰도가 뚝 떨어질 것이 불을 보듯이 뻔한데 그렇게 할 리가 있겠는가.

사실 나는 역대 총리에 대한 평가와 관련된 부분을 쓰면서 나 자신 내심 그 점을 우려하여 주의를 기울였다. 더군다나 출판사에서 원고를 교정하는 과정에서도 이 부분을 염려하여 이회창과 관련된 상당 부분에 대해서 표현을 고치거나 또 일부 내용을 삭제하기도 했다. 좀 심하게 얘기하면 오히려 역차별을 당했다고도 할 수 있는 것이다. 이회창을 미화해서 미화가 된다면 지금이라도 당장 미화하는 글을 써보겠다. 그것이 대통령 당선에 도움이 된다면 말이다. 하지만 전두환을 미화하는 글이 결코 그를 미화하지 못했던 것처럼 이회창을 미화하는 글이 결코 그를 미화할 수 없다는 사실을 나는 분명히 알고 있다.

총리에 대한 평가부분과 관련해서 얘기할 게 있다. 나는 총리실 재직 중이나 특히 퇴직 후에 많은 사람들로부터 역대 총리들에 대한 평가를 요구받았다. 그러다가 많은 사람들이 알기를 원한다는 것 자체가, 즉 국민의 알 권리에 해당하는 것이 아니냐 하는 생각이 들었다. '국무총리라는 자리는 엄연히 공적인 자리다. 국민의 알 권리라는 측면에서 공인에 대한 평가는 국민에게 열려 있어야 한다. 물론 프라이버시라는 영역이 있긴 하지만 공인의 프라이버시는 국민의 알권리에 제약받아 그만큼 축소되어 마땅하다'는 것은 공법학자들의 견해이기도 하다. 더구나 역대 대통령에 대해서는 거의 아무런 제약이 없이 평가가 이루어지고 있는데 국무총리에 대한 평가가 제한받을 이유는 전혀 없는 것이다.

비근한 예로 우리는 신문이고 잡지고 방송이고 불문하고 도처에서 박통, 전통, 노통, YS, DJ 등 전직 대통령들의 이야기들을 수시로 만나고 있지 않은가. 클린턴 대통령의 최측근이었던 조지 스테파노풀로스George Stephanopoulos는 백악관을 나오자마자 클린턴에 관한 자세한 얘기를 책으로 엮어 화제가 된 적도 있다. 다만 공인들에 대한 평가를 하는 과정에서 본의 아니게 개인의 명예에 관련된 언급으로 당사자에게 상처를 줄 수 있다는 것이 딜레마라고 할 수 있다. 그래서 나 나름대로는 가급적 칭찬은 실명으로, 비판은 익명으로 하자는 원칙을 세웠으나, 언론의 집요한 추적으로 내 의도와는 다르게 실명이 거론되기도 하였다. 특히 어느 주간지에서는 최악의 총리를 실명으로 거론하면서 내가 밝힌 것처럼 표현하여 강력히 항의를 하기도 하였다.

그러나 언론을 탓하기 이전에 어쨌든 원인을 제공한 입장에서, 개인적으로 상처를 입은 분들께는 죄송하다는 말씀을 올린다. 아울러 어느 개인을 폄하하자는 의도가 전혀 없었다는 점을 너그럽게 이해해 주셨으면 한다.

어쨌든 주간지 등에서 실명이 거론되다 보니 어느 분으로부터 강력한 항의가 들어온 일이 있었다. 이분은 사실 현직 시절에도 직원들로부터 원성이 자자했던 분이다. 본인은 열심히 한다고 했는지 모르겠으나, 늘 권위주의적인 자세로 쓸데없는 일들을 마구잡이로 시키면서 아랫사람들을 고생시키는 상사의 전형이었다. 그런데 이분은 나의 글로 인하여 몹시 마음이 상하셨던 것 같다. 성미도 보통이 아닌

분이었기 때문에 스스로 얼마나 고통을 받으셨을까 충분히 상상이 가고도 남았다. 솔직히 글을 쓸 때와는 달리 그런 반응을 보니까 나 자신 인간적으로 상당히 마음이 불편했다.

하지만 이미 엎질러진 물이니 어찌할 도리가 없었다. 그런데 이분은 집요하게 나를 압박해 왔다. 지금까지 쌓아온 명예를 내가 하루아침에 무너뜨렸으니 정식으로 사과하고 책을 몽땅 회수하라는 것이었다. 그리고 그것을 관철시키기 위해서 나의 과거 상사들을 동원하여 압력을 가하는가 하면, 요구사항에 불응할 경우 민형사상 책임을 묻겠다는 서신을 내용증명으로 보내오기도 했다. 좀 뭐한 말이지만, 이 일로 송사가 붙게 되면 내 책은 대박이 터질 것이 분명했다. 그러나 결국은 내가 인간적으로 사과하는 선에서 마무리했다. 이 일은 내게는 작은 필화사건으로 기억될 것이다. 다만 한 가지 아직도 납득할 수 없는 것은 주변과 아랫사람들로부터 원성을 사면서 쌓아올린 명예가 과연 진정한 명예라고 할 수 있는가 하는 점이다.

우리나라가 진정한 민주국가인가

저자의 변으로써 한 가지 덧붙일 얘기가 있다. 2001년 5월 25일 출판기념회 때의 일이다. 아침부터 언론들의 인터뷰 요청에 응하느라 정신이 없는데, 가까운 지기들로부터도 계속 전화가 왔다. 그런데 그 내용이 모두가 한결같은 것이었다. 즉, "후원회에 가야 되는데 못 가게

돼서 미안하다. 못 가는 이유는 말 안 해도 이해해 주리라 믿는다"는 것이었다. "응, 알았어요. 걱정 마세요"라고 대답은 하면서도 내 마음은 무척 서운하고 답답했다. 그러다가 정말 가깝게 지내는 한 친구로부터 똑같은 전화를 받는 순간 그동안 참고 있던 내 감정이 폭발하고 말았다. "뭐라고? 못 오긴 왜 못와! 야당 인사 후원회 오는 게 무슨 범죄 행위냐? 너 그렇게 못난 놈이었어?" 버럭 소리를 지르고는 전화를 끊어버렸다. 나중에 알게 되었지만 그날 그 친구는 후원회장에 잠깐 들려서 봉투만 놓고는 나와 마주치지 않고 행사장을 떠났다고 한다.

내가 지금 이 얘기를 하는 이유는 우리나라가 아직도 진정한 민주국가라고 할 수 없다는 주장을 하기 위해서이다. 우리가 민주국가가 아니라니, 군부독재가 종식되고 문민정권이 들어 선지가 언젠데, 무슨 자다가 봉창 두드리는 소린가 하겠지만, 내 생각에 우리나라는 아직 진정한 의미의 민주국가라 할 수 없다.

첫째, 민주주의라 하면 삼권분립이 기본인데 우리나라는 삼권분립이 아직도 안 되어 있다. 입법부의 수장인 국회의장을 행정부 수반인 대통령이 사실상 임명하는 나라, 여당 내에서 국회의장이 총재인 대통령의 수하에 있는 나라를 어떻게 삼권분립이 돼 있는 나라라고 하겠는가.

둘째, 우리나라에서는 여당과 야당의 위상이 하늘과 땅만큼 차이가 난다. 기업의 후원금은 모두 여당으로만 몰리고 야당을 후원하는 기업은 세무조사를 각오해야 한다. 여당은 선거법 위반을 해도 슬쩍

눈감아 주고, 야당은 형사들이 쫓아다닌다. 어느 지역에서건 지역유지가 단체장 하나 차지하려면 여당에 입당하거나 최소한 야당을 탈당해야 한다. 공무원들은 공공연한 장소에서 야당 인사와 사적으로 만나는 것을 무척 꺼린다(청와대에 있는 어느 후배는 내가 만나러 간다니까 청와대에서 멀찌감치 떨어진 어느 곳으로 와 달라며 전전긍긍해 했다. 이 친구는 헤어지면서 앞으로 우리 사무실에 제발 DM 좀 보내지 말아 달라고 사정하기도 했다).

한마디로 우리나라에서 야당을 하려면 온갖 괄시와 핍박과 불이익을 감수해야 하는 것이다. 그리고 이 배경에는 권력기관들의 편파성이 도사리고 있는 것이다. 그러니 이런 나라를 서구 선진국가와 동등한 민주국가라 부를 수 있겠는가. 사업하는 친구든 공무원 하는 친구든 야당 인사의 후원회에도 못 가는 나라가 민주국가냐는 것이다. 이러니 우리나라에서 야당 그것도 원외위원장 하는 사람이 세종대왕이나 이순신 장군보다 더 존경스럽다는 말까지 나오는 것이다.

여담으로, 훗날 나는 후원회장에 와서 봉투만 놓고 사라진 공무원 하는 친구를 만나 있는 없는 성질 다 부리면서 이런 말을 했다.

"내가 화가 나는 것은 네가 겁쟁이라서가 아니라 바보라서다. 너는 네가 내 후원회에 온 것을 기관원이 체크할 것으로 생각하는 모양인데 천만의 말씀이다. 첫째, 우리나라 기관이 야당 원외위원장 후원회에 기관원을 보낼 만큼 그렇게 한가하지가 않다. 둘째, 설령 기관원을 보낸다 하더라도 네가 기관원이 체크할 만큼 그렇게 거물이 아니다. 셋째, 설령 네가 그만큼 대단하다 하더라도 학교 동기동창 후원회에 온 사람을 뭐라 할 만큼 우리 기관이 무지막지하지는 않다. 넷째, 설령 기관이 뭐라 한들 네가 무슨 불법을 저지르는 것도 아닌데 네가 두려워할 이유가 뭔가. 너는 자존심도 없는가. 이러니 너는 겁쟁이라기보다는 바보다."

2001년 9월

내가 본 정두언

따스한 그러나 거침없는

살면서 하기 어려운 일 중 하나가 평소에 잘 알고 지내던 사람을 놓고 평할 때가 아닌가 생각된다. 당연히 좋은 사람이기에 오랜 세월 인간관계가 이어졌을 테고, 앞으로도 내가 사는 날까지 변함없이 좋은 인연으로 만나고 싶다는 마음이 들 정도로 보기 드문 분인데 말이다. 그렇지만 이런 기회를 통해서 우리 주위의 소중한 사람들을 한 번쯤 찬찬히 되짚어 보자는 마음에서 이렇게 펜을 든다.

정두언씨를 처음 만난 것은 오래전 내가 아주 어려웠던 연극초년생 시절 국제복싱연맹IBF 세계챔피언을 지냈던 동생 김지원을 통해서였다. 동생이 아마추어 시절부터 시합장에 늘 함께 해준 인연에다가 나와 연배가 비슷해서 우리 두 사람은 자연히 허물없는 친구처럼 친해졌다.

첫인상은 전형적인 글방 샌님처럼 비춰졌지만 더없이 성실하고 예의 바른 모습을 잃지 않던 '정두언', 평생을 친구 하고 싶을 만큼의 매력으로 다가오는 정두언씨를 몇 마디로 표현하자면 이렇다.

우선 정두언은 남의 이야기를 인내심으로 들어주고 자신의 의견을 표현함에도 솔직하고 진솔하며 칼을 뽑을 때와 멈출 때를 정확히 아는 거침없는 사람이다.

둘째로, 그는 깨끗하다. 성격과 외모가 주는 인상만큼이나 인간관계에서 생기는 크고 작은 일들을 늘 깔끔하게 최선을 다해 마무리한다.

셋째로는, 그는 따스한 마음씨의 소유자다. 주위 사람들이 기쁜 일이나 어려운 일에 부딪히면 늘 앞장서서 힘이 되어주고, 한번 인연을 맺은 사람들에 대해 소홀히 하는 법이 없으며 따스한 인간미로 늘 함께 해 주는 변함없는 친구 같은 사람이다.

넷째로, 그는 정확하다. 공적이든 사적이든 함부로 약속을 하지 않는다. 하지만 약속한 일에 대해선 한 번도 어기는 일이 없다. 그는 사람을 사랑할 줄 알고 가정을 소중히 여긴다. 국가의 희망찬 미래를 위하여 몸을 던질 줄 아는 이 시대에 가장 바람직한 우리의 이웃이다.

마지막으로 그는 노래를 잘한다. 프랭크 시내트라를 능가하는 그의 노래솜씨를 경험한 사람은 그가 왜 공무원으로 살아가는 지 의심스러울 정도 ^^ ……

햇살 같은 미소를 지니고 흔들리지 않는 마음을 가진 믿음직하고 소중한 친구인 정두언. 그는 성실하고, 정의롭고, 정직한 사람이다. 우리가 바라고 또 시대가 바라는 친구의 표상이리라.

그런 그가 내가 나서 자라고 언젠가는 꼭 돌아가야 할 내 고향 서대문에서 정치를 하고 있다. 왠지 고마움이 앞선다. 반세기가 지나도록 발전이 없는 내 고향 서대문을 이번 기회에 정두언이 확실하게 바꿔주리라 믿어 의심치 않는다. 좋은 결과를 기대하며 뜨거운 응원의 박수를 보낸다.

2001년 5월
김지숙(연극인)

최고의 총리 최악의 총리

펴낸날 1판 3쇄 2016년 1월 5일

지은이 정두언
펴낸이 나성원
펴낸곳 나비의활주로

주소 서울시 강북구 삼양로 85길 36
전화 070-7643-7272
팩스 02-6499-0595
전자우편 butterflyrun@naver.com
출판등록 제2010-000138호

ISBN 978-89-97234-02-8 03300

억해야 한다. 2012년 유튜브 최초로 조회 수 1억 뷰 돌파 기록을 세운 싸이의 '강남스타일' 뮤직비디오가 그러했고, 2016년 알파고와 이세돌의 바둑 대국 생중계가 유튜브에 기여했던 것처럼 말이다. 과연 블록체인 세상에서 넥스트 유튜브는 어떤 콘텐츠를 등에 업고 등장할지 기대되는 부분이다.

마치며

《콘텐츠가 전부다》 시리즈는 그동안 고착화돼 있던 미디어 판에서 다양한 플랫폼들이 너도나도 양질의 콘텐츠를 독점으로 제공하려는 움직임을 보이던 2019년, 콘텐츠와 미디어 산업의 변화를 분석하고 미래를 제언하고자 기획한 트렌드서다. 이후, 글로벌 미디어 시장에서 코로나19와 팬데믹의 장기화가 '콘텐츠가 더 전부'인 시대를 견인하면서 본 시리즈의 의도는 더 풍부해지고 보다 입체적으로 해석되고 있다.

어느덧 시즌 3를 맞이한 《2022 콘텐츠가 전부다》는 대표저자 노가영을 필두로 미디어·엔터테인먼트 산업 전반을 장기간 분석한 애널리스트 박정엽 저자, 팬덤 640만 명을 보유한 글로벌 틱톡커 듀자매 허영주 저자, 하늘 아래 모든 서비스를 파헤치고 탐미하는 자타공인 서비스 덕후 이정훈 저자까지, 산업쟁이와 서비스쟁이 그리고 크리에

이터까지 절묘한 궁합으로 뭉쳐 집단 지성의 힘을 발휘했다.

또한, 이번부터는 종이책과 함께 비디오북Video Book이 순차적으로 공개된다. 전 세계 최초로 종이책과 동일하게 챕터별로 제작될 비디오 클립의 목적은 텍스트형 콘텐츠를 더 많은 이들에게 소개하고자 함이다. 결국, "소비문화와 기술의 진화에 걸음을 맞춰가는 것이 원천 콘텐츠인 '책' 자체의 독자층을 넓히는 것이다"라는 콘텐츠의 본질에도 부합한다. 저자들의 반짝이는 도발을 지원해 준 미래의창과 현대경제연구원 '크리에이티브 TV'에 감사를 전한다.

물론, 독자들에게 최신의 데이터 공유와 이에 근거한 합리적 추정을 전달함이 본 책의 목적이지만 일부 과감한 예측도 포함돼 있다. 저자들 간 공통의 합의에 이르지 못한 경우에는 산업별 전문성을 가진 담당 저자의 제언을 따르고 이를 소신 있게 담았기 때문이다. 따라서 미래적 제언이 필요한 트렌드서의 특성상, 어떤 내용은 해당 영역의 전문가나 일부 독자들과 의견이 다를 수 있다. 반대의 논리나 제언, 가르침이 있다면 자유롭게 저자들과 소통해주기를 바란다.

백신 완전 접종률이 80%를 넘어간다는 반가운 소식이 들린다. 하루라도 더 빨리 귀한 일상이 회복되기를 바라며 긴 원고를 마감한다.

마지막으로 우리 저자들은 Super Ego, Jin, JOP, 요니, 김동희 대표님, 한재선 대표님, 김희배 대표님, 송재룡 대표님, 김한양 대표님, 강인식프랜, 12ent 데이빗님, 이남경님, 이서윤님, 젬스터디 멤버들, 김은님, 김동호님, 조일현님, 허재훈님, Axie Sisters, 듀링, 에스더, 하랑님, 박아름님, 김현희 교수님, 옥성아님, 이은영님, 이혁우님, 이주연님, 한예린님, 안은지님, 양지인님, 재윤&영숙, 오해민님, 박경필님,

이경희님, 박정민님, 허정주님, 최혜경님, 허신님, 김정현님, 조형석님, 임영훈님, 정무열님, 남건우님, 박준휘님, 안소연님, 최하나 변호사님, 이윤진 교수님과 LUU&GAHO, 최두칠에게 고마움을 전한다.

노가영, 이정훈, 박정엽, 허영주

2022 콘텐츠가 전부다

초판 1쇄 발행 2021년 11월 23일
초판 3쇄 발행 2022년 5월 10일

지은이 노가영 · 이정훈 · 박정엽 · 허영주
펴낸이 성의현
펴낸곳 (주)미래의창

편집주간 김성옥
편집진행 안대근
디자인 공미향 · 윤일란
홍보 및 마케팅 연상희 · 김지훈 · 이희영 · 이보경

출판 신고 2019년 10월 28일 제2019-000291호
주소 서울시 마포구 잔다리로 62-1 미래의창빌딩(서교동 376-15, 5층)
전화 070-8693-1719 **팩스** 0507-1301-1585
홈페이지 www.miraebook.co.kr
ISBN 979-11-91464-58-0 03320

※ 책값은 뒤표지에 있습니다. 잘못된 책은 바꿔 드립니다.

생각이 글이 되고, 글이 책이 되는 놀라운 경험. 미래의창과 함께라면 가능합니다.
책을 통해 여러분의 생각과 아이디어를 더 많은 사람들과 공유하시기 바랍니다.
투고메일 togo@miraebook.co.kr (홈페이지와 블로그에서 양식을 다운로드하세요)
제휴 및 기타 문의 ask@miraebook.co.kr